르 몽드

차례
Contents

세계를 비춘 프랑스 문화와 지성

 '문화'하면 프랑스를 떠올리지 않을 수 없다. 그만큼 프랑스는 자타가 공인하는 문화강대국이기 때문이다. 정치경제는 미국이 절대적인 헤게모니를 갖고 있지만 문화에서만은 프랑스가 여전히 주도적인 위치를 지키고 있다고 할 수 있다.

 귀가 따갑도록 들어왔듯이, 프랑스인들은 자국의 언어를 사랑하는 민족이며 자신들의 문화적 자산에 대해서도 자부심이 대단하다. 신자유주의에 기반을 둔 소위 세계화의 물결에도 불구하고 프랑스가 사회적 응집(cohérence sociale)을 우선시하는 전통적인 사회 분위기를 고수할 수 있는 것은 프랑스인들의 문화에 대한 애정 때문이다. 그들은 경제적 이익과 자본의 논리가 그 어느 때보다 지배적인 현 시대에서도, 프랑스 사회

3

가 소중히 여기는 사회문화적 다양성을 지켜주고 사회 통합을 가능케 해주는 유일한 것이 바로 문화라고 믿고 있다. 프랑스 문화부 홈페이지만 잠깐 둘러보더라도 문화에 대한 그들의 강한 의지를 엿볼 수 있다.

문화는 공공서비스이다. 또한 문화는 우리들 각자의 개인 적인 선택이기도 하다. 국가는 모든 프랑스인의 것인 고고 학적 문화유산과 예술자산을 보호해야 한다. 최상의 조건에 서 최대 다수가 문화자산을 향유할 수 있어야 한다……창 조는 자유가 표현되는 소중한 장소이다. 문화의 경제는 경 제 논리에 종속되어서는 안 된다. 문화정책은 다음과 같은 신념으로부터 와야 한다. 문화는 개인적인 자기 계발의 원 천일 뿐만 아니라 각자에게 대화의 의미와 근본적인 가치를 공유한다는 의식을 줌으로써 사회 통합을 강화하는 최적의 수단이다.

(프랑스 문화부 홈페이지, 문화부의 연혁 부분.)

이처럼 국가와 사회 전체가 문화에 대해서 각별한 열정을 쏟고 있는 나라가 바로 프랑스다. 그러니 프랑스가 문화예술 의 나라가 되지 않을 수가 없는 것이다. 센 강(La Seine)의 유람 선과 에펠탑의 야경, 루브르의 화려함과 소르본 대학가의 낭 만적인 거리들……, 파리 시내를 거닐면서 눈에 들어오는 모 습들 하나하나가 제각각 문화와 예술의 아름다움을 한껏 뽐낸다. 센 강을 가운데 두고 있는 프랑스의 수도 파리는 가히 도시 전체가 문화유산이라고 해도 과언이 아니다.

문화와 관련해서 세계 최고의 권위와 조직을 가진 국제기구는 단연 유네스코[1]이다. 유네스코의 본부가 파리에 있는 것은 우연이 아니다. 유엔 본부가 있는 뉴욕이 국제정치의 메카가 되고 있듯이, 유네스코 본부가 소재한 파리는 세계문화의 수도 구실을 하고 있는 것이다. 유네스코는 보호할 가치가 있는 우수한 세계의 문화재나 유적지에 대해 공식적으로 '인류문화유산'으로 지정하고 보호를 지원하고 있다. 우리나라의 문화재 중에도 유네스코 문화유산으로 지정된 것이 많다. 가령 비원을 포함한 창덕궁, 경주의 역사 지구, 종묘, 수원 화성, 고인돌 유적, 석굴암, 불국사 등이 유네스코가 지정한 문화유산이다. 한편 유네스코는 기록물과 무형의 유산에 대해서도 각각 기록유산, 무형유산으로 지정해 보호하고 있는데, 여기에 해당하는 우리나라의 기록유산은 『승정원일기』 『조선왕조실록』 『불조직지심체요절』 『훈민정음』 등이고, 「종묘제례악」은 세계무형유산으로 지정되어 있다.[2] 2003년 11월에는 유네스코 인류구전 및 무형유산 선정위원회가 우리나라의 판소리를 세계무형유산으로 지정했다.

그렇다면 파리의 경우는 무엇이 유네스코가 지정한 문화유산일까? 에펠탑, 루브르궁, 아니면 노트르담 성당? 내가 유네스코의 문화유산 심의관이었더라도 그 많은 유산들 중 무얼 선택해야 할지 참으로 많은 고민을 했을 것 같다. 하지만 유네스코는 이 문제를 명쾌하게 해결했다. 도시의 구석구석에 문화재가 널려 있어 고심하던 유네스코는 파리의 센 강 주변 전체를 세계문화유산으로 정했던 것이다.

프랑스의 힘은 문화와 예술의 힘

매년 세계 최대의 관광객 인파를 맞는 파리의 흡입력은 역시 문화와 예술의 힘이다. 참고로 2002년 기준 관광객 수 통계를 보면 프랑스는 한 해 입국관광객 수가 7,670만 명으로 단연 세계 1위이다. 2위가 스페인인데 5,170만 명이고, 그 다음은 미국(4,190만 명), 이탈리아(3,980만 명), 중국(3,680만 명) 순이다. 한편 관광수입(2001년 기준)으로 볼 때, 프랑스는 296억 달러로 미국(723억 달러), 스페인(329억 달러)에 이어 3위이다. 하지만 미국의 경우는 내국인 관광수입이 많기 때문에, 관광으로 외화를 벌어들이는 관광대국으로 보기 힘들다. 어쨌거나 프랑스가 문화강대국, 관광대국인 것은 분명한 사실이다.

프랑스를 상징하는 것은 눈에 보이는 관광유적만이 아니다. 문화재는 유형의 문화유산일 뿐이다. 그보다도 프랑스인들은 '지성'이라는 무형의 유산도 동시에 물려받은 참으로 유복한 민족이다.

여기서 나는 프랑스 문화의 저력이 프랑스의 지성으로부터 나온다는 사실을 지적하고 싶다. 프랑스는 문화대국이지만 역사를 돌아보면 인류의 지성사에서도 절대적인 역할을 해왔다.

볼테르·루소·몽테스키외 등의 계몽사상가, 데카르트·사르트르 등의 철학자, 빅토르 위고·알렉산드르 뒤마·발자크 등의 대문호 등 인류의 지성사에 발자취를 남긴 프랑스인들은 무수히 많다. 언론과 관련해서 본다면 에밀 드 지라르댕(Emile de Girardin)을 언급하지 않을 수 없다. 오늘날의 신문들이 광고를 주된 재원으로 한다는 것은 주지의 사실이다. 그런데 이런 유료광고를 통한 신문경영 방식을 본격적으로 도입했던 사람이 바로 프랑스의 언론경영인이자 정치가였던 지라르댕이다. 그는 1836년에 보수주의적인 신문 라 프레스(La Presse)를 창간하면서 유료광고 제도를 본격적으로 도입했고 신문의 가격을 기존 신문의 절반 정도로 파격적으로 인하하면서 대중 신문을 정착시킨 사람이다. 저렴한 신문을 대량으로 발행해 성공을 거둔 그를 일컬어 '언론의 나폴레옹'이라고도 부른다.

이처럼 인류 지성사를 빛내온 프랑스 지성은 오늘날까지도 여전히 오만방자한 민족이라고 이야기되는 콧대 높은 프랑스인들의 자존심의 원천인지도 모르겠다. 오벨리스크, 개선문, 레 쟁발리드(Les Invalides)나 사크르 쾨르 성당 등 눈에 보이는 프랑스가 그들의 유형의 문화적 자산이라면, 프랑스의 지성사적인 전통은 무형의 자산인 것이다.

'위대하지 않은 것은 프랑스가 아니다'라고 믿는 프랑스인들의 신념을 굳건하게 만들어준 것은 프랑스 사회의 '지성'이다. 흔히 프랑스인들의 기질을 설명하는 토대로 주지주의(主知主義)와 법률주의(法律主義) 두 가지를 든다. 둘 다 합리적

이성을 근간으로 하는 사조이다. 이 같은 두 가지의 큰 흐름은 오늘날의 프랑스 사회를 확립하는 배경이 되었다. 특히 주지주의는 프랑스 문화의 근본적인 모습이다. 사고(思考) 및 이론을 제일로 하고 표현의 논리 정연함을 추구하는 주지주의는 역사적으로 중세 봉건제의 확립, 발전과 더불어 점차 프랑스인의 기질 속으로 침투해 왔고, 16세기 프랑스 르네상스 시기에 이르러서는 명료한 특징으로 나타난다. 이러한 경향은 명석한 논리와 비판을 즐기는 지성, 구체적인 것을 존중하는 실증적 정신 등으로 세계에 알려졌다. 사회학의 창시자 오귀스트 콩트가 실증철학을 정립했고, 데카르트가 합리주의를 표방한 것은 주지주의적인 토대를 가진 프랑스적 토양에서 가능했던 것이다.

합리적으로 생각하고 논쟁하는 프랑스 사회

베이컨의 경험주의가 영국의 철학 사조(思潮)를 대변한다면 이와 대조적인 프랑스의 사조는 데카르트의 합리주의이다. "나는 생각한다. 고로 나는 존재한다(Cogito, ergo sum : Je pense donc je suis)"라는 철학자 데카르트의 명제는 프랑스 사회 전반에 뿌리를 내리고 있다. 생각하고, 따지고, 논쟁하는 것은 프랑스 사회의 오랜 풍토이다. 이런 프랑스적인 지성의 전통은 사회 구석구석에서 찾아볼 수 있다. 프랑스에서 대륙법이 발달할 수 있었던 것도 합리주의 때문이 아니었나 싶다.

사실 사회 제도 중 가장 합리적인 것은 법이다. 법에는 규범과 범법의 내용이 미리 정해져 있고, 법의 적용도 판검사의 감정이나 직감에 의해서가 아니라 규정대로 합리적으로 이루어지기 때문이다. 근대 이후 프랑스는 법이 특히 발달했다. 프랑스에서 몽테스키외의 『법의 정신』이 발행된 해는 1748년이고, 『나폴레옹 법전』이 간행된 해는 1804년이다. 법이 가장 발달한 나라라고 해서 중국인들은 프랑스를 '법국(法國)'이라고 이름 붙였던 것이다.

프랑스가 보여주는 합리적 문화의 또 다른 예로는 '바칼로레아(Baccalauréat)'를 들 수 있겠다. 매년 치러지는 프랑스의 대학입학 자격시험 바칼로레아는 우리나라의 수능시험에 해당한다. 그러나 우리나라의 수능시험이 수험 과열과 과잉 경쟁 속에서 치러지는 말 많은 시험이라면, 바칼로레아는 국민적 관심 속에서 치러지는 국가적인 행사이다. 바칼로레아가 그토록 지대한 관심을 끄는 것은 바칼로레아 시험에 논리적 사고를 요구하는 철학 과목이 포함되어 있고, 또한 모든 과목의 문제들이 디세르타시옹(dissertation), 즉 논술식으로 출제되기 때문이다. 매년 바칼로레아 문제에 뭐가 출제되었는지는 국내외적인 큰 관심거리가 된다. 이렇게 입시 제도 하나에도 합리적인 문화를 녹여내는 그들은, 피에르 부르디외(Pierre Bourdieu) 식으로 표현하자면 '구별 짓기(distiction)'를 하고 있는 것이다. 바로 이런 것이 우리가 어렵지 않게 확인할 수 있는 문화강대국 프랑스의 저력이며, 프랑스 지성의 원동력이 되어 왔던 것이다.

지성(知性, intellect)이라 함은 넓은 의미로는 감각적인 지각 작용을 포함한 인간의 인식 능력을 가리키지만, 보통은 지(知)·정(情)·의(意) 중 지적인 능력을 가리킨다. 아는 것으로부터 지식이 시작되고, 지식의 체계가 다시 이론이나 사상을 이루는 것이다. 사회사상이나 철학, 인문학 등은 인간의 지성에 해당하는 부분이다. 이런 지성적 측면을 이끌어가는 것은 바로 지식인들이다. 프랑스의 지성이 인류 지성사에 큰 족적을 남겼다는 이야기는 프랑스의 사상, 철학 또는 사상가들이 역사 발전에 크게 기여했다는 이야기이다. 프랑스 혁명이 낳은 보편적인 이념인 '자유, 평등, 박애'를 생각해 보면 프랑스 지성의 힘을 쉽게 느낄 수 있다.

사회주의와 자본주의가 대립했던 반세기 동안의 치열한 냉전을 거쳤음에도 불구하고, 여전히 인류가 보편성의 출발점으로 삼는 가치는 자유, 평등, 박애이다. 70년간의 사회주의 실험을 했던 소비에트 체제도 자유, 평등, 박애를 부정하지는 않았다. 오히려 사회주의자들은 자신들의 혁명을 프랑스 혁명의 연장선상에서 해석하려고 했다. 자유의 소중함, 평등의 고귀함을 생각해 보면, 우리 인류가 프랑스에게 지성적인 빚을 지고 있음을 부인할 수 없다.

프랑스가 역사적으로 인종의 용광로(melting pot), 자유의 나라를 지향할 수 있었던 것은 프랑스 혁명이 내건 자유, 평등 이념이 프랑스인만의 자유와 평등이 아니라 인류의 보편적인 자유, 평등이었기 때문이다. 일찍이 미국의 독립전쟁 시기에 토마스 제퍼슨[3]이 "모든 사람은 두 개의 조국을 가지는데, 바로 자신의 조국과 프랑스다"라고 말했던 것도 같은 이유에서였다.

'두 개의 조국' 하니까 「두 명의 연인」이라는 고전적인 샹송이 생각난다. 이 노래는 미국 출신의 흑인 여성으로, 파리로 건너와 가수로서 대성했던 조제핀 베이커(Joséphine Baker)가 1930년대에 불렀던 샹송이다. 'J'ai deux amours(나는 두 명의 연인이 있다)'라는 제목의 이 샹송은 아직까지도 프랑스인들이 즐겨 부르는 고전이다. 그 가사를 보면 "나는 두 명의 연인이 있는데, 나의 조국(mon pays) 그리고 파리(Paris)"라고 되어 있다. 토마스 제퍼슨이 프랑스를 이념의 조국이라고 했던 것이나 조제핀 베이커가 자유로운 파리를 연인이라고 노래했던 것은 결국 같은 이유 때문이 아닐까 싶다.

우리에게는 미국이 자유의 나라이지만, 미국인들은 역사적으로 프랑스를 자유의 나라라고 칭송해 왔다. 그것은 아마도 영국에 맞선 독립전쟁에서 프랑스가 미국을 적극 지원했고, 또한 미국의 건국이념이 프랑스의 진보적인 사상으로부터 많은 영향을 받았기 때문일 것이다.

똘레랑스와 자유의 나라

프랑스는 분명 자유의 나라이다. 과거에도 그러했고 지금도 그러하다. 물론 자유가 그저 얻어진 것은 아니다. 평범한 진리이지만, 소중한 것일수록 그저 주어지지는 않는다. 자유는 피와 투쟁의 산물이다. 민주주의와 마찬가지로, 역사를 되돌아보면 자유라는 나무도 피를 먹고 자라왔다. 역사적인 혼돈과 치열한 투쟁, 사회적인 논쟁을 거치면서 정착된 자유이기에 그것의 가치는 더욱 소중하다. 이렇게 투쟁을 통해 얻어진 자유는 프랑스 사회의 구석구석에 깊숙이 뿌리를 내리고 있다.

프랑스의 지식인은 사상적으로 자유롭다. 그와 더불어 프랑스의 언론출판도 자유를 구가하고 있다. 자유가 전제되지 않는다면, 그 사회는 역동적일 수도 민주적일 수도 없다. 예컨대 프랑스에서는 사상·학문의 자유가 전면적이다. 어떤 학자의 이론이나 책을 문제 삼아 보안법을 적용한다거나 사상의 문제로 구속을 한다는 것은 생각할 수도 없는 일이다. 프랑스에서 사상의 자유는 한쪽만의 자유가 아니다. 이슬람을 폭력적으로 보는 편견이나 좌익사상을 죄악시하는 등의 한쪽으로 경도된 자유가 결코 아니다.

프랑스인들은 적어도 사상의 자유만큼은 무엇과도 바꿀 수 없는 천부 인권으로 생각한다. 그들은 '누가 인간의 정신을 향해 이래라 저래라 명령할 수 있는가'라고 생각한다. 자신의 신념과 정반대되는 사상에 대해서도 마찬가지이다. 요컨대 프랑스인들은 자기의 사상이 존중받기 위해서는 다른 사람의 사상을 먼저 존중해야 한다는 굳건한 신념을 갖고 있다. 이데올로기나 정치적 이견에 대해서도 상대방을 먼저 인정함으로써 차이를 존중한다. 프랑스인들은 이를 '똘레랑스(tolérance, 관용)'라고 부른다. 이데올로기에 대한 똘레랑스, 종교적인 똘레랑스, 외국인에 대한 똘레랑스 등은 한편으로는 프랑스 사회의 다양성과 역동성을 지켜주는 토대이며, 다른 한편으로는 프랑스 민주주의의 근간이다. 일찍이 볼테르가 "나는 당신이 말한 것에 동의하지 않는다. 하지만 나는 당신이 당신의 의견을 말할 권리를 위해서는 죽도록 싸울 것이다"라고 했던 것은 바로 그런 이유에서이다. 프랑스의 민주주의는 정적의 정치적 이견을 용인하고, 공존하며, 사상·의견의 자유를 누리는 데서 끝나는 것이 아니라, 자신의 의견과 다른 의견이 탄압받을 때는 이를 위해서 죽도록 싸우는 적극적인 민주주의이다.

물론 언론에 있어서도 이러한 규칙은 똑같이 적용된다. 프랑스 언론은 각각 나름대로의 정치적 색깔과 사상적 지향을 가지고 있다. 하지만 보수적인 언론과 진보적인 언론 간에 색깔 논쟁을 벌이는 일은 결코 없다. 서로가 서로의 색깔을 인정하고 함께 공존하고 있기 때문이다.

지식인, 프랑스적인 예외

　프랑스 지식인의 사회성은 프랑스 사회를 역동적으로 만들어온 원동력이다. 지식인의 사회 참여를 프랑스에서는 '앙가주망(engagement)'이라고 한다. '아는 만큼 행동하고, 사상에 대한 사회적 책임을 의무로 받아들이는 것'은 프랑스에서는 자연스런 지성적 분위기이다. 특히 지성과 언론은 밀접한 관련을 갖고 있다. 지식인들이 언론을 사회적 공기(公器), 공론의 장(場)으로 여겨 언론 활동을 사회 참여의 수단으로 적극 활용하기 때문이다. 언론 또한 지식인들이 최대한 언론 활동을 할수 있도록 해준다. 물론 언론마다 자신의 이념적 색깔과 지향에 따라 그에 맞는 지성인들과의 연계를 갖는다. 좌파나 진보적 지식인들은 리베라시옹(Libération)이나 르 몽드(Le Monde)에 고정 필진으로 참여하는 반면, 우파 지성인들은 르 피가로(Le Figaro)에 자주 글을 쓴다.

　지식인은 언론을 통해 힘을 발휘하고 여론에 강한 영향력을 행사한다. 언론사 및 지성사에 한 획을 그었던 에밀 졸라의 명문 "나는 고발한다(J'accuse)!"도 로로르(L'Aurore, 여명·새벽이란 뜻)라는 신문(1898년 1월 13일)을 통해서였다.

　　반복컨대, 진실은 땅속에 묻더라도 그대로 보존되고, 그 속에서 무서운 폭발력을 간직한다. 이것이 폭발하는 날, 진실은 주위의 모든 것을 휩쓸어버릴 것이다……누가 감히 나를 법정으로 끌고 갈 것인가.

　　　　　　　　　　　(에밀 졸라의 "나는 고발한다!" 중.)

　1898년에 발표된 에밀 졸라의 격문은 지성인들을 행동으로 나서게 했던 역사적인 명문이었다. 당국은 드레퓌스 사건에 대한 진실을 요구한 에밀 졸라를 법정으로 끌고 갔고, 유죄 판결까지 내렸다. 하지만 대통령에게 보낸 에밀 졸라의 공개서한으로부터 촉발된 지식인의 항거는 끝내 권력을 굴복시켰다. 드레퓌스 사건은 진실의 승리로 끝났다.[4]

　드레퓌스 사건 당시 발표된 에밀 졸라의 명문은 새로운 프랑스 지식인상을 만든 계기이자 기점이었다. 지난 1998년 "나는 고발한다" 100주년을 맞았던 프랑스는 펜을 들어 사회를 움직였던 에밀 졸라를 떠들썩하게 기념했다. 프랑스 사회주의의 창시자인 장 조레스(Jean Jaurès)는 이 사건에 대해 일찍이 "19세기 최대의 혁명적 행동"이라고 격찬한 바 있다. "나는 고발한다" 100주년에 시라크 대통령은 졸라가 이 서한을 작성한 파리 9구의 저택에서 현판식을 가졌고, 국립도서관은 이 서한의 원본과 드레퓌스 사건 관련 문서들을 진열했다.

사실 프랑스에서 지식인이란 뭔가 특별한 존재이다. 교육에 서부터 엘리트주의를 표방하고 있는데다, 현실 사회에서 지식 인들이 차지하는 역할이 지대하기 때문이다. 프랑스의 지식인 들은 언제나 역사의 중심부를 지켜왔다. 다른 나라의 지식인 들에게 사회 참여가 선택이었다면, 프랑스의 지식인들에게 참 여는 이를테면 의무였던 것이다. 이런 사회적인 참여가 앙가 주망이다.

프랑스 앙가주망의 전통은 역사적으로 에밀 졸라, 장-폴 사르트르, 앙드레 말로 같은 행동하는 지성을 낳았다. "치즈가 그러하듯 지식인 역시 프랑스의 상징이며, 행동하는 지식인상 은 바로 프랑스적인 예외였다"고 프랑스 언론은 이야기한다. 결국 이 예외는 하나의 모범이 되어 전세계의 지식인 사회로 퍼졌고, 오늘날 '참여 지식인상'은 프랑스적인 예외가 아니라 세계적인 보편성으로 자리잡고 있다.

언론은 지성과 사회의 매개체

프랑스 지식인들의 사회 참여가 선도적이라는 데는 이론의 여지가 없다. 역사의 부침(浮沈) 속에서 프랑스 지식인들은 끊임없는 논쟁을 만들어 왔고 지성사를 이끌어 왔다. 언론은 프랑스 지성과 함께 움직여 왔다. 에밀 졸라가 "나는 고발한다"는 명문을 발표해 사회 운동을 촉발시켰던 것도 언론을 통해서였고, 21세기 반세계화운동의 중심이 된 '아탁(ATTAC, 시민 지원 금융과세 운동연합)'의 산실도 '르 몽드 디플로마티크'라는 언론 매체였다. 프랑스의 언론은 지성과 사회를 연결해 주는 연결고리의 역할을 해온 것이다. 이제 본격적으로 프랑스 언론을 들여다보기로 하자.

문화강대국 프랑스의 언론과 기자

언론을 보면 그 나라의 민주주의를 어느 정도 파악할 수 있다고들 이야기한다. 그만큼 언론이 사회를 평가하는 주요한 잣대라는 것이다.

언론은 사회를 바라보는 창문과도 같은 것이기 때문에 언론을 보면 그 사회의 지성적이고 문화적인 분위기를 엿볼 수 있다. 창문이 넓고 크면 세상이 크게 보일 것이고, 창문이 탁하면 세상은 탁하게 보일 것이며, 창문에 온통 빨간 칠을 해놓으면 세상은 빨갛게 보일 것이다. 그래서 세상을 들여다보는 창인 언론은 투명하게 세상을 있는 그대로 보여줘야 한다. 어떤 것은 감추고 은폐해서는 안 되며, 가능한 한 보여줄 수 있는 것은 모두 보여줘야 한다. 알 권리(Right to know)는 국민의 기본적인 '권리'이지만, 이를 충족시켜주는 것은 언론의 '의무'이다. 다시 말해 국민은 알 '권리'를, 신문은 알릴 '의무'를 가지는 것이다. 특히 현대 사회에서는 대중들이 정보를 획득하고 가치판단을 하는 데 가장 큰 영향력을 행사하는 것이 언론이다.

프랑스의 언론은 어떨까. 문화강대국답게 세련되고 문화적일까? 고급 브랜드를 가장 많이 가지고 있는 나라가 프랑스인 만큼 언론도 고급스럽고 부르주아적일까? 어쨌거나 언론이라는 측면에서 프랑스 사회를 들여다보는 것은 색다른 흥밋거리일 것이다.

프랑스 언론의 우선적인 특징은 신문이나 잡지들이 프랑스의 요리만큼이나 다양하다는 점이다. 프랑스의 도시 곳곳에서 발견할 수 있는 '키오스크(Kiosque)'라는 가판매점에 가면 그야말로 오색찬란한 온갖 종류의 신문과 잡지를 만날 수 있다. 1면에 여성의 젖가슴 사진을 싣고 있는 '옐로우 저널리즘'부터 박사학위 논문에 인용될 정도로 격조 있는 기사를 싣는 신문5)에 이르기까지, 제각각인 신문과 잡지들이 가판대를 가득 채우고 있다.

가판대에서 볼 수 있는 프랑스 신문의 외형적인 특징은 신문 판형 중 타블로이드판(tabloid)이 많다는 것이다. 타블로이드 크기인 일간지 리베라시옹이나 뤼마니테(L'Humanité)는 우리나라 보통 신문의 딱 절반 크기이다. 원래 타블로이드는 '작은 판형 속에 뉴스가 요약·압축되었다'라는 뜻인데, 20세기

초 미국에서 대중을 위한 작은 판형의 값싼 신문이 나온 것이 타블로이드판의 효시이다. 일반적으로 타블로이드판 신문은 기사가 짧고 평이하며 사진·삽화가 크게 처리되는데, 우리나라에서는 벼룩시장 등과 같은 지역 생활정보지에 널리 이용되고 있다.

우리나라의 일간 신문은 판형이 천편일률적으로 '대판'인데, 언론계에서는 대판으로 신문을 내야 중후해 보이고 신문으로서의 품위가 있다고 이야기한다. 반면 타블로이드판은 뭔가 왜소하고 초라해 보이며 품위가 떨어진다고 이야기한다.

하지만 프랑스의 일간지는 이러한 우리의 통념과는 백팔십도로 다르다. 대부분의 프랑스 일간지들은 보기 편하고 휴대하기 좋은 타블로이드 판형이다. 사견으로는 지하철 좌석에서 펼쳐 봐도 옆 사람에게 불편을 주지 않는 것이 타블로이드 판형인데, 개인주의가 발달한 유럽에 맞는 판형이 아닐까 싶다. 한편 르 몽드도 타블로이드판이긴 하지만 리베라시옹이나 뤼마니테보다는 좀더 큰 판형이고, 일간지 중에서 르 피가로는 우리나라 신문과 같은 크기의 대판 신문이다.

우리나라에는 중앙지로 조선일보, 중앙일보, 동아일보, 한국일보, 한겨레, 국민일보, 대한매일, 세계일보, 경향신문, 문화일보 등의 10대 일간지가 있는데, 프랑스도 경제지, 스포츠지를 빼면 정론지 형식을 띠는 전국적 중앙지는 10개이다.

참고로 세계 최대의 신문대국이라 불리는 일본은 전국지 숫자가 우리나라의 절반밖에 되지 않는다. 일본에서는 중앙지

(中央紙)라는 말이 없고 대신 전국지(全國紙)라는 명칭이 쓰인다. 일본의 3대 일간지로는 요미우리[讀賣], 아사히[朝日], 마이니찌[每日] 신문이 있는데, 요미우리와 아사히는 발행 부수가 각각 1,440만 부와 1,250만 부이다. 일본의 3대 신문은 세계 최대의 발행 부수를 자랑한다. 물론 발행 부수가 신문의 질이나 격조를 나타내는 지표가 될 수는 없지만 말이다. 한편 미국 신문 중에서 발행 부수가 가장 많은 신문은 월스트리트 저널, USA 투데이, 뉴욕 타임스 순인데 각각 175만 부, 167만 부, 108만 부 수준이다. 우리나라의 조선, 중앙, 동아는 발행 부수가 각각 2백만 부를 넘는다.

중앙 집권적인 국가, 지방 분권적인 언론

인구 5,800만 명에 유엔 안전보장이사회 상임이사국이며, 경제 규모로는 세계 4위인 프랑스의 전국지와 인구 4,700만 명의 우리나라 중앙 일간지는 그 수가 각각 10개로 똑같은데, 아마 프랑스의 전국지가 적은 편이든지, 아니면 우리나라의 중앙지가 지나치게 많은 편이든지, 둘 중 하나일 것이다.

한편 프랑스는 중앙 일간지보다는 지방지가 발달한 나라이다. 지방의 독자들은 실제로 전국지보다 지방지를 즐겨 읽는 편이다. 현재 프랑스에는 77개의 지방 신문이 있는데, 발행 부수로 보더라도 전국지에 비해 뒤지지 않는다. 프랑스는 전통적으로 중앙 집권적인 나라이며, 수도권 집중도도 유럽에서 가장 높은 편이다. 그런데도 언론에 있어서는 중앙 집권적인 성격보다 지방 분권적인 성격이 두드러진다. 우리나라의 경우는 조선, 중앙, 동아 등 소위 3대 일간지가 신문 시장의 2/3 이상을 독점하고 있고, 중앙지의 신문 시장 점유율이 절대적이다. 하지만 프랑스는 그렇지 않다.

파리에서 발행되는 종합 일간지, 경제지, 스포츠지를 포함한 전국지의 신문 시장 장악 비율은 25%를 조금 넘는 수준일 뿐이다. 프랑스 리용 대학에서 언론학을 강의하고 있는 베르트랑 베레세는 "발행 부수 면에서는 웨스트-프랑스(Ouest-France)가 80만 부로 전국 최고이다. 파리에서 발행되는 전국지는 이해관계를 가진 특수층이 아니면 잘 읽지 않는다"고 말한다. 프랑스 리용의 최대 일간지인 르 프로그레의 장-끌로드 라쎌 편집국장은 "프랑스는 1980년대, 대부분의 전국지들이 지역지를 만들거나 지방판을 강화했지만 결국 실패했다"며 "지역민의 이익과 목소리를 담은 다양한 지역지들이 결국은 큰 물줄기를 이루어 프랑스의 정책과 여론을 형성한다"고 말한다.[6]

지역 신문이 강세를 보이고 중앙지와 지방지가 각각의 주어진 역할을 하고 있는 것은 독일이나 프랑스, 영국 등 유럽 국가들의 공통적인 현상이다. 게다가 유럽 국가들은 신문의 독과점도 법제나 정책을 통해 엄격하게 규제하고 있다.

프랑스 정부는 지난 1981년 지방 분권을 강력하게 추진했던 프랑수아 미테랑 대통령 집권 당시 '언론의 독과점 방지와 다양성 보장법'을 만들어, 여러 개인 신문을 통합할 경우 1인 소유 자본의 합계가 전체의 15%를 넘지 못하도록 언론독과점 법을 제정했다. 베르트랑 베레세는 "우파 정권이 집권한 후 1985년도에 규제 한도를 30%로 완화하는 법개정이 있었으나 특정지의 장악력이 크지 않아 프랑스 신문 시장과는 솔직히 무관한 법"이라고 말했다. 이처럼 유럽의 선진국들은 소수 언론이 전체 여론을 호도하지 못하도록 하는 사회적 공감대가 형성돼 있다.[7]

프랑스 최대의 신문은 지방지 웨스트-프랑스

지역 신문 중 대표적인 일간지로는 프랑스의 서부 지방에서 발간되는 웨스트-프랑스, 라 부와 뒤 노르(La Voix du Nord, 북부의 소리), 서남부 지역의 쉬드-웨스트(Sud-Ouest), 리용 지역의 르 프로그레(Le Progrès), 중부 지방의 라 누벨 레퓌블리크 뒤 상트르 웨스트(La Nouvelle République de Centre-Ouest) 등이 있다. 이중 웨스트-프랑스는 매년 평균 발행 부수가 80만 부에 육박해, 전국지, 지방지, 경제지, 스포츠 신문 등을 통틀어 발행 부수가 가장 많은 신문이며, 1859년에 창간된 리용(Lyon)의 르 프로그레도 발행 부수가 39만 부(1991년) 규모로 중앙지와 맞먹는다. 주요 지방 신문의 발행 부수는 다음 표와 같다.

표1 프랑스 주요 지방지의 발행 부수

지방지	1997년	1998년	1999년
르 도피네 리베레(Le Daupiné Libéré)	259,967	258,627	257,374
라 데페쉬 뒤 미디(La Dépêche du Midi)	202,484	202,345	204,142
레 데르니에르 누벨 달사스 (Les Dernières Nouvelles D'Alsace)	207,859	206,465	204,084
레스트 레퓌블리캥(L'Est Républicain)	215,391	215,116	212,789
미디 리브르(Midi Libre)	157,629	157,308	159,012
라 몽타뉴(La Montagne)	215,267	212,212	210,027
니스 마탱(Nice Matin)	229,062	213,476	190,762
라 누벨 레퓌블리크 뒤 상트르-웨스트 (La Nouvelle République du Centre-Ouest)	252,902	251,114	249,378
웨스트-프랑스(Ouest-France)	762,053	757,841	759,732

출처 : 「CHIFFRES CLES 2000」(김문환, 『프랑스 언론』, 커뮤니케이
션북스, 2001, p.79 재인용).

전국지(중앙지)는 광고가 우리나라 신문보다는 훨씬 적은
편이며, 1부당 가격도 1유로(약 1,200원) 정도로 비싸다. 신문
의 가격 파괴 현상이 두드러진 영국이나 유럽의 다른 국가에
비해서 프랑스의 신문은 무척 비싼 편이다.

전국지적인 일간지는 크게 정론지, 대중지, 전문지 등으로
나눌 수 있다. 대중지로는 르 파리지앵-오주르드위(Le Parisien-
Aujourd'hui)와 프랑스 수와르(France Soir)가 있다. 오주르드위
는 정론보다는 대중적인 기사를 많이 다룬다. 역시 대중지의
성격을 띤 프랑스 수와르는 프랑스 신문 중 유일하게 석간

(Soir)이란 이름이 붙어 있는 신문이다.

'오주르드위(Aujourd'hui)'는 '오늘'이란 뜻인데, 오주르드위 신문은 전국판이고, 파리판이 르 파리지앵이다. 르 파리지앵-오주르드위는 발행 부수가 약 50만 부다. 하지만 신문 가격은 르 몽드의 반값 수준이고 대중지이기 때문에 여론에 대한 영향력은 미미한 편이다. 전문지로는 레 제코(Les Echo)와 라 트리뷘(La Tribune) 등의 경제 일간지와 레큅(L'Equipe) 같은 스포츠 일간 신문이 있다.

프랑스의 3대 일간지, 르 몽드, 르 피가로, 리베라시옹

사회적인 영향력이 가장 큰 신문은 정론지의 성격을 띤 일간 신문이다. 대표적인 일간지는 르 몽드, 르 피가로, 리베라시옹, 뤼마니테인데, 각각 정치적 성향이 다르다.

르 피가로는 우파지로서, 프랑스에서 현존하는 신문 중에서 가장 오래된 신문이다. 르 피가로는 1826년에 창간되었는데, 창간 당시에는 신문 명칭이 관사 없이 피가로였고, 일주일에 두 번 발행되었다. 1854년 이뽈리트 드 빌메샹(Hippolyte de Villemessant)이 이 신문을 인수했고, 1866년부터는 전국적인 규모의 일간지로 바뀐다.

1904년 프랑스 사회주의의 아버지 장 조레스에 의해 창간된 뤼마니테도 역사적인 신문이다. 원래 SFIO(노동자 인터내셔널 프랑스 지부)의 기관지로 창간되었다가, 1920년 뚜르(Tours)

전당대회로 사회주의자와 공산주의자가 분리되면서부터는 공산당 기관지가 된다. 뤼마니테는 제2차세계대전 종전 후 해방 국면에서는 최대의 발행 부수를 갖고 있었는데, 1946년의 발행 부수가 40만 부였다. 그러다가 프랑스 좌파의 주도권이 점점 사회당으로 넘어가면서 독자 수가 감소해 1992년에는 발행 부수가 6만5천 부로 떨어졌다. 현재 공산당 기관지를 탈피해서 형식적으로는 독립된 신문이 되었지만, 여전히 기자의 70%와 간부 전원이 공산당원이라 프랑스 공산당과 거의 같이 움직이는 신문이다.

리베라시옹은 1973년에 창간되었는데, 처음에는 마오(마오쩌둥)주의적인 성향의 전투적 신문이었다. 장-폴 사르트르도 이 신문에 참여했다. 하지만 1980년대 들어 재정난을 겪으면서 면모를 쇄신하기 시작했고, 1981년 세르쥬 쥘리(Serge July)가 신문을 이끌면서 새로운 사회의 흐름과 운동을 반영하는 젊은 신문으로 자리잡았다. 1984년에는 발행 부수 10만 부를 넘어섰고, 1991년에는 17만 부를 넘어섰다. 정치적으로는 사회민주주의적 성향이 강하며 친사회당 계열의 신문이다.

한편 르 몽드는 중도적이고 진보적인 신문이지만, 선거 시기와 같은 민감한 국면에서는 좌파적 성향을 띠므로 보통은 중도 좌파 신문으로 분류된다.

발행 부수 면에서는 르 몽드와 르 피가로가 수위를 다투는데, 열독율이나 영향력의 측면에서는 르 몽드가 압도적이다. 최근의 발행 부수 추이를 보면 아래 표와 같다.

표2 프랑스 주요 일간지의 발행 부수

중앙 일간지(정론지)	1997년	1998년	1999년
르 피가로	374,970	363,990	366,700
리베라시옹	173,055	171,889	171,552
르 몽드	392,515	394,739	390,840

출처 : 연감 「Quid 2001」(김문환, 『프랑스 언론』, 커뮤니케이션북
스, 2001, 재인용).

프랑스에서 기자 되기

프랑스에서는 어떻게 기자가 될까? 프랑스에서의 기자 선발
은 우리와는 많이 다르다. 우리나라에서는 신문이 엄청난 사회
적 영향력을 갖고 있기에 기자 또한 그에 상응하는 사회적, 경
제적 특권을 가진다. 기자가 되기 위해서는 시험이라는 관문을
통과해야 하고 이 시험은 특권층으로의 진입을 위한 고시처럼
인식되고 있다. 그래서 한때는 언론고시라는 말도 있었다.

프랑스에서도 기자를 선발하기 위한 시험은 있지만, 기자가
되기 위해 꼭 시험을 봐야 하는 건 아니다. 갈수록 기자학교
출신이 많아지고 있지만, 아직까지 프랑스의 기자들 중에는
일반 대학 출신이 많다. 전공별로 보면 문학전공자 20%, 법
학·정치학 17%, 저널리즘 전문학교 출신 17%, 인문학 17%
상업·예술 및 기타전공 18%, 정보 및 커뮤니케이션학 8%, 외
국대학 출신 및 독학 3% 등이다(1990년). 프랑스에는 기자증
발급위원회(CCIJP)라는 기관이 있는데, 직업적 언론 활동을 통

해 임금을 받는 자에 대해 1935년 3월 29일법(1935년 3월 29일 발효된 언론인에 관한 법. 프랑스에서는 법 이름에 발의한 사람의 이름이 붙거나 공표된 날짜가 붙는 것이 보통이다)에 근거해 기자증을 발급한다. 이 기자증을 가져야 정식 기자로 인정된다. 2001년 통계에 의하면 정규기자는 23,391명, 프리랜서는 4,795명이다.[8]

기자가 되는 방법은 세 가지이다. 첫 번째는 주요 언론사가 공동으로 주관하는 시험을 보는 경우이다. 텔레비전 방송국은 방송국끼리, 신문사는 신문사끼리 공동 주관으로 시험을 실시해 여기에서 합격한 사람들을 나눠서 데려가고 이들을 훈련을 시켜 기자로 만든다. 시험은 기사를 작성하고 뉴스를 제작하는 능력을 검증하는 시험이다.

두 번째는 언론사들이 기자학교나 그랑제콜(엘리트 대학)에 추천을 의뢰해 특채하는 경우이다. 기자학교를 거친 학생들은 충분한 전문 교육을 받았고, 당장 투입돼도 될 만큼 준비된 학생들이므로 언론사에서 특채로 데려가는 경우가 많다.

세 번째는 소위 '스타쥬(Stage, 실습)'를 통한 선발이다. 스타쥬라는 것은 프랑스 교육 과정의 특징 중 하나인데, 기업체에 들어가 전공 관련 일을 실습하면서 훈련을 쌓는 것을 말한다. 우리나라로 치면 '인턴사원' 같은 개념이다. 프랑스의 대학은 거의 모든 전공에서 이 스타쥬 과정을 반드시 이수할 것을 요구하는 경우가 대부분이다. 스타쥬에서 우수한 자질을 보인 사람은 바로 정규직으로 선발될 수 있다. 기자들 중에도 이런 스타쥬를 통해 선발되는 경우가 있다.

한편 프랑스에서의 기자는 사명감을 갖고 전문적인 임무를 수행하는 특별한 직업이지만, 우리나라처럼 특권층은 결코 아니다. 정치인이나 기업체, 관공서로부터 소위 '떡값' 명목으로 촌지(寸志)를 받는 경우는 일체 없다. 더군다나 르 몽드의 경우는 신문 자체가 경제권력으로부터의 독립을 사시(社是)로 생각하므로, 그 구성원이 촌지를 받는 일은 상상조차 할 수 없다.

파리 정치 망명객의 눈에 비친 프랑스 언론

프랑스 언론과 기자에 대해 개괄적인 내용은 살펴보았고, 이번에는 프랑스 언론의 단면을 보여주는 내용이 있어 소개하고자 한다.

홍세화보다 훨씬 오랜 세월 동안 파리에서 반한인사로 살았지만 제대로 알려지지 않았던 '이유진'이라는 이가 있다. 이유진의 존재를 찾아내고 그를 적극적으로 알렸던 것은 파리교민신문 오니바(발행인 김제완)였다. 이유진은 서울대 심리학과를 졸업하고 1963년에 도불해 1973년에 박사학위를 받았다. 1975년에 프랑스 국적을 얻었던 프랑스 유학 1세대 이유진은 1979년에 발생한 소위 '한영길 사건(후배인 한영길의 프랑스 망명을 도우려다 북한 공작원으로 몰린 사건)'으로 입국이 금지되어 오다가 26년 만인 지난 2001년 한국을 방문했다. 당시 이씨는 『나는 봄꽃과 다투지 않는 국화를 사랑한다』의 출판

기념차 귀국했는데, '이사모(이유진을 사랑하는 모임)'의 회원인 오마이뉴스의 김순천 기자가 그와 인터뷰를 했었다. 당시는 언론사 탈세조사, 신문 개혁 등으로 언론계가 시끄럽던 때라 인터뷰 중에 프랑스 언론에 대한 내용들이 있어 이 부분만 발췌해서 소개한다. 이유진은 프랑스에서 40여 년을 살았던 이라 프랑스 사회에 대해 잘 알고 있기에, 그의 이야기는 프랑스 언론에 대한 일반론이 될 수 있다. 물론 그는 언론전문가가 아니기에 정확하지 않은 부분도 있지만 말이다. 아래는 그의 인터뷰 중 프랑스 언론에 대한 부분이다.

기자 요즘 신문 개혁이 이슈화되고 있어요. 민주주의 발전 과정에서 언론의 역할은 중요하다고 생각하는데 프랑스 신문은 어떻습니까? 먼저 소유 관계는 어떤 형태를 띠고 있는지요.

이유진 르 몽드지나 르 피가로지 모두 일인이 소유하는 형태가 아니라 주식회사 형식을 갖고 있는 걸로 알고 있습니다. 소유주 한두 사람이 휘어잡는 것은 드물고, 여러 사람이 주식 소유분을 나눠가지고 30% 가진 사람이든 20% 가진 사람이든 많이 가진 사람이 회장이면 회장, 이렇게 하는 거지요.

기자 소유와 경영은 분리되어 있는지요.

이유진 당연히 분리되어 있지요. 월급 문제로 또는 소유주가 돈 가지고 장난을 치면 기자들이 파업을 합니다. 르 피가로지는 우익지인데 도덕적으로 파탄한 소유주가 돈 가지고 좌지우지해서 같이 일하던 기자가 나온 적도 있습니다. 도덕적으로 깨끗한 우익이 도덕적으로 파탄된 우익을 비판한 거지요.

기자 기자들이 파업하면 국민들의 반응은 어떻습니까?

이유진 프랑스에서는 파업에 대한 기본 개념이 되어 있어요. 나한테 불편하지만 그건 당연하다, 그런 거지요. 물론 메트로(전철)나 철도, 이런 데서 파업이 일주일 이상 가면 불만이 올라오기 시작하지요. 그러면 파업하는 사람들이 압력을 받아요. 파업하는 데 양쪽이 다 능란하니까 70% 이상은 대개 합의점을 찾지요. 서로 자기 한계를 알고 인정하고, 때로는 정부가 중개자 역할을 할 때도 많고요.

기자 기자들이 우리나라와는 다른 자격 조건을 갖는다고 들었거든요.

이유진 프랑스에서는 기자들이 다 실력 있는 사람들이 들어가요. 거기서 작가가 나오고 철학자가 나옵니다. 기자들은 늘 책을 읽습니다. 그래서 자신들이 책도 직접 써내고 어떤 정치가, 어떤 철학자, 어떤 학자, 재벌들을 만나도 따져 들어갈 수 있는 실력을 가지고 있지요. 또 한편으로 기자들이 이렇게 할 수 있는 것은 신문사의 자유로운 시스템 운영 때문에 가능하겠지요. 기자의 자유를 최대한 보장해 주지요. 사상적으로나 글의 형식 면에 있어서나요. 우리나라에서는 작가가 기자는 될 수 있어도 기자가 작가되기는 힘든 구조라고 들었습니다. 형편이 이런데 철학자가 되기는 더 힘들겠죠.

기자 기자는 시험 봐서 뽑나요?

이유진 시험 보지 않는 걸로 알고 있어요. 행정 부문에서 우수한 '에나⁹⁾' 같은 좋은 대학 인재나 또는 중·고등학교 선생이나 대학교수 중에서 신문 기자를 하고 싶은 사람이 있으면 그냥 들어가는 걸로 알고 있습니다. 가령 우리나라 같은 경우는 시인이 되고 싶은 경우 신춘문예를 통과하거나 문예지에 당선돼야 가능한데, 프랑스의 경우 그런 것 없이 시가 좋으면 추천을 통해 시인이 되는데, 기자도 마찬가지지요.

기자 프랑스 신문은 공정한지요.

이유진 공정하다는 말이 재미있는 건데, 모든 신문은 이해관계에 따라 움직입니다. 가령 르 몽드는 좌익지란 말을 듣고 르 피가로는 우익지란 말을 듣지요. 그래서 우익지에서는 우익을 지지하는 게 원칙이고, 좌익지는 좌익을 옹호하지요. 그러나 좌익지도 좌익을 비판할 때는 따갑게 비판하지요. 자기편에서 무조건 다 옳다, 그런 속된 것은 없어요.

("프랑스 우익은 도덕적이고 양심적", 「오마이뉴스」,

2001년 7월 14일.)

프랑스 언론의 자부심 르 몽드

어느 나라든 그 나라를 대표하는 유력한 언론 하나쯤은 가지고 있다. 영국에는 더 타임스가 유서 깊은 신문이고, 독일에는 프랑크푸르터 알게마이네 차이퉁(Frankfurter Allgemeine Zeitung, 프랑크푸르트 종합 일간지란 뜻)이 유력지이며, 일본에는 요미우리와 아사히가 있다.

프랑스의 대표적인 신문은 뭘까? 대부분은 주저 없이 르 몽드를 꼽는다. 르 몽드는 확고부동한 최고 신문의 자리를 차지하고 있다. 르 몽드는 프랑스를 대표하는 일간지이고 지성인들이 주로 읽는 중후한 신문이며, 외국 언론들이 반드시 참고하는 준거(準據, reference) 신문이다.

1999년 8월 26일, 독일의 언론 단체인 IMH협회가 세계 50

개국의 주요 인사 1,000명을 대상으로 조사한 결과에 의하면 세계 10대 신문은 아래 표와 같다. 프랑스 일간지로는 유일하게 르 몽드가 끼어 있는데, 프랑스어 신문으로서도 르 몽드가 유일하다. 한편 이중 영어 신문이 7개나 되는데, 이는 세계화를 주도하는 영어의 힘을 여실히 보여준다.

표3 독일 언론 단체가 뽑은 세계 10대 신문

순위	신문	국가(언어)	웹 사이트 주소
1	Financial Times	영국(영어)	www.ft.com
2	New York Times	미국(영어)	www.nytimes.com
3	Frankfurter Allgemeine Zeitung	독일(독어)	www.faz.de
4	Wall Street Journal	미국(영어)	www.wsj.com
5	Neue Zurcher Zeitung	스위스(독어)	www.nzz.ch
6	Le Monde	프랑스(불어)	www.lemonde.fr
7	International Herald Tribune	프랑스(영어)	www.iht.com
8	El Pais	스페인 (스페인어)	www.elpais.es
9	Washington Post	미국(영어)	www.washingtonpost.com
10	The Times	영국(영어)	www.the-times.co.uk

르 몽드의 '르'는 정관사이고 '몽드(Monde)'는 세계를 뜻하므로 우리말로 군이 번역해 보면 '세계일보'쯤 된다. 우리나라 신문은 이름이 대부분 무슨 무슨 일보, 무슨 무슨 신문 등이지

만 프랑스 신문들은 그렇지가 않다. 프랑스어로 일보나 신문에 해당하는 말은 꼬띠디엥(quotidien), 주르날(journal) 또는 프레스(Presse) 등이지만, 프랑스 신문 중에는 이런 단어가 붙은 신문이 없다. 앞서 살펴본 바와 같이 르 몽드(세계), 리베라시옹(해방), 뤼마니테(인류애), 르 피가로(피가로의 결혼식에서 따온 이름) 등의 이름을 갖고 있다.

60년 된 신생 언론(?), 르 몽드

프랑스의 대표적인 지성지 르 몽드는 1944년 12월 18일에 창간됐다. 이제 겨우 60년밖에 되지 않는 신생 언론(?)이라고 할 수 있다. 사실 구대륙 유럽에서는 60년 된 신문을 두고 유서 깊은 신문이라고 말할 수는 없다. 백 년, 2백 년의 역사를 가진 오래된 신문들이 많기 때문이다. 가령 영국의 더 타임스(The Times of London, 런던 타임스라고도 한다)는 1785년에 창간되었고, 프랑스의 르 피가로도 1826년에 창간되었다. 이런 신문에 비한다면 르 몽드는 분명 신생 언론이다. 하지만 신문의 영향력이나 인지도 면에서 르 몽드는 두 신문을 압도하고 있다. 르 몽드의 발행 부수는 40만 부 수준이지만, 열독자 수는 하루 200만 명 정도이다.[10] 또한 현재 프랑스어판 르 몽드 신문은 세계 120개 국가에서 읽히고 있다. 런던이나 베를린, 로마의 신문 가판대에서도 르 몽드 프랑스어판을 살 수 있다.

현재 르 몽드 신문의 회장은 장-마리 콜롱바니(Jean-Marie

Colombani)이다. 콜롱바니가 밝힌 '르 몽드의 언론관'은 르 몽드의 기사가 왜 흥미나 스펙터클을 좇지 않고 신중한 것에 초점을 두는가에 대한 적절한 설명을 준다. 그는 "르 몽드는 두 가지 적에 대한 끊임없는 싸움을 통해 스스로를 건설했다"고 말한다.

콜롱바니가 이야기하는 르 몽드의 첫 번째 적은 다름 아닌 '돈'이다. 그는 "신문의 '재정적 독립'(돈)이 없다면 기자들의 독립도 장담할 수 없기 때문"에 신문의 재정적 독립성이야말로 언론의 자유를 보장한다고 강조한다.

콜롱바니가 말하는 언론의 두 번째 적은 '시간'이다. 즉, '리얼 타임의 독재성'이다. 오늘날 언론은 "권력이 생산-제어-통제하는 정보로 위협받고" 있고, "궁극적으로 독점을 갈망하는 일부 대기업들이 언론 영역에 발을 들여놓음으로써 상업주의 정보마저 횡행"하고 있다. 여기에 정보통신의 발달은 사건과 보도 사이의 즉각성을 강요함으로써 "한발 물러서서 성찰하고 분석할 수 있는 거리를 지워버리고 있다"는 것이다. 르 몽드는 중후한 문체와 분석 기사를 무기로 엘리트 지식층을 주 독자로 하는 신문이기에 한발 물러서서 분석하는 이 '거리'를 소중히 하겠다는 것이다.[11]

또한 르 몽드는 민족적인 이해보다는 보편적인 관점과 휴머니즘을 지향한다. 르 몽드는 외국인 이민이나 국제 난민의 인권 옹호, 극우 쇼비니즘과의 투쟁, 선진국 중심의 일방적 세계화에 대한 비판 등에 있어서 다른 어떤 언론보다도 적극적인 입장을 취하고 있다.

1983년 레인보우 워리어 호 사건 때 르 몽드가 보여준 보도 자세는 진실 보도를 추구하는 언론의 귀감이 될 수 있다. 1983년 프랑스 정부가 핵실험을 강행하자, 핵실험을 막기 위해 환경운동단체 그린피스가 남태평양에서 해상 시위를 벌였는데, 그 배에서 정체 불명의 시한폭탄이 터져 한 명이 숨진 사건이 발생했다. 이것이 바로 '레인보우 워리어 호 사건'이다. 당시 르 몽드는 이 사건의 진실 규명을 위해 끈질기게 사건을 파헤쳤는데, 결국 이 사건이 프랑스의 특수 부대 요원에 의해 자행되었음을 밝혀낸다.

진실을, 오직 진실만을 말하라

르 몽드는 레인보우 워리어 호 사건 보도에서 사건의 배후에 놓여 있는 진실을 규명하기 위해 전력을 다했다. 결과만 놓고 본다면 르 몽드는 반민족적이고 반국가적인 보도를 했다. 르 몽드는 자국의 국익에 치명적인 손상을 입혔고 미테랑 정부가 세계로부터 지탄을 받게끔 만들었다. 대통령 선거 때 프랑수아 미테랑을 지지했음에도 불구하고, 르 몽드는 사건 보도에 있어서는 국익이 아닌 진실의 편에 섰던 것이다. 르 몽드는 이 사건 보도 과정을 통해 '정론직필을 지향하는 언론의 진실 보도에는 성역이 없어야 하며, 권력에 의한 검열은 거부하지만 진실을 위한 자기 검열은 반드시 필요하다'는 것을 몸

소 보여주었다.

1944년 파리가 해방되던 어려운 시절에 창간된 르 몽드는 창간 이래 줄곧 창간자 뵈브-메리의 다음과 같은 신문관을 충실히 따르고 있다.

진실을, 모든 진실을, 오직 진실만을 말하라. 바보 같은 진실은 바보같이 말하고, 마음에 들지 않는 진실은 마음에 들지 않게 말하고, 슬픈 진실은 슬프게 말하라.

사견을 이야기하자면, 언론의 생명은 '진실 보도'에 있지, '사실 보도'에 있는 것이 아니다. 주지하다시피 현대 언론은 입법, 사법, 행정부에 이은 권력의 제4부라고 불릴 정도로 엄청난 사회적 영향력과 힘을 가지고 있다. 때로는 권력을 흔들기도 하고, 사회 운동을 교란시키기도 하며, 여론을 왜곡하기도 한다. 이런 엄청난 힘을 가진 언론은 자칫 또 다른 권력이 될 수 있으므로 항상 스스로에 대한 자기 검열이 필요하다. 우리나라의 언론들은 대부분 사실에 입각한 진실 보도를 표방하고 있지만 사실 보도와 진실 보도는 명확하게 구분해야 한다.

사실 보도란 눈에 보이는 사실만을 보도하는 태도인데, 사실 보도를 하더라도 때로는 사실의 전체적인 흐름이나 진상을 왜곡할 수 있다. 이런 식의 보도는 우리나라 언론이 일상적으로 취하는 태도인데, 사실의 일면만을 보도하거나 일부 사실만을 보도하면서 진실로 치장하려고 하는 태도이다.

가령 어떤 남녀가 야심한 시각에 여관방으로 들어갔다고 할 때, 신문이 '두 남녀가 한밤에 여관으로 들어갔다'고 보도한다면 그것은 사실 보도이다. 하지만 이렇게 사실 보도를 하더라도 진실은 아무도 모른다. 두 남녀가 부부일 수도 있고, 부녀지간일 수도 있고, 여행객일 수도 있기 때문이다. 이런 식의 보도 형태는 신문에서 일상적으로 발견할 수 있다. 인터넷 한겨레 오늘의 이-메일(2001년 7월 5일)에서는 통계라는 사실 보도의 허점을 지적하면서 다음과 같은 예를 들고 있다.

> 사실 : 초·중등학교의 여교사는 70%인데 여교장은 7%에
> 불과하다.
> 진실 : 여교장이 7%에 불과한 것은 상대적으로 고연령층
> 의 교사들에 있어서는 남자교사가 많기 때문이다.

통계 수치는 팩트(Fact)에 근거하고 있으므로 명백한 사실이다. 하지만 사실을 보도한다고 해서 진실을 액면 그대로 보여주는 것은 아니다. 여교사가 70%인데 여교장이 7%에 불과하다고 보도하는 것은 사실 보도이다. 적어도 사실 왜곡은 아니다. 하지만 이렇게 사실만을 보도했을 때에는 학교 인사에서의 남녀 차별이 기정사실인 것으로 비춰질 수 있다. 하지만 진실은 그렇지 않다. 교장을 할 수 있는 나이 대의 교사들을 보면 남자교사의 수가 압도적으로 많기 때문이다. 이런 식의 보도 기법은 언론이 '사실을 왜곡하지 않으면서 진실을 보여주

지 않는' 전형적인 편법이다.

만약 한 언론이 거두절미하고 노동자가 분신한 사실만을 보도한다면, 그 언론은 무책임한 사실 왜곡을 할 가능성이 있다. 언론은 진실 보도를 위해 최대한 사건을 완전하고 공정하게 보도해야 한다. 사건 보도에 있어서는 사건의 발단, 추이, 결말을 독자가 이해할 수 있게끔 보도해야 하는 것이다. 또한 분쟁을 보도할 때에는 이해관계가 다른 분쟁 당사자의 두 가지 상반된 입장을 공정하게 같은 비중으로 다뤄야 한다.

가령 이라크 전쟁 보도에 있어 미국 및 앵글로 색슨 언론들은 미국의 시각에서 이라크 상황을 보이는 대로만 보도하고 미국의 입장만을 부각시켜 보도하는데, 이는 이라크전에 대한 진실 보도라고 볼 수 없다. 정치 기사에 있어서도 마찬가지이다. 특정 정당의 입장을 크게 부각시켜 보도하고 군소 정당이나 반대 정당의 입장을 축소, 왜곡, 누락시킨다면 국민들은 객관적인 판단을 할 수 없다. 신문이 특정 정당을 지지하고 특정한 정치적 입장을 가질 수는 있다. 하지만 정치적 입장을 취하는 것과 알 권리를 가진 독자들에게 공정한 정보를 제공하지 않는 것은 별개의 문제인 것이다.

르 몽드의 언론관은 분명하다. 진실을 말하되 분명한 입장을 가질 것이며, 어떠한 권력에도 종속되지 않는 독립적인 언론을 표방한다는 것이다. 프랑스인들이 르 몽드에 자부심을 가지는 것은, 그만큼 르 몽드가 자랑할 만한 면모들을 가지고 있기 때문일 것이다. 새로운 정권이 들어설 때 권력에 아부하는 용비어천가 같은 기사를 쓴다든지, 도발적이고 선정적인 기사들로 도배한다든지, 광고에 연연하면서 신문의 명맥을 유지해 왔다든지, 여론에만 영합해 왔다면, 르 몽드는 프랑스를 대표하는 지성지가 될 수 없었을 것이다. 르 몽드에게서 배울 점은 많다. 가장 중요한 것은 르 몽드의 독립성이겠지만, 그밖에도 르 몽드의 자랑거리는 많다. 이제부터 몇 가지 단면들을 통해 르 몽드의 면모를 좀더 자세히 들여다보기로 하자.

사진을 쓰지 않는 르 몽드

우선 르 몽드는 사진을 거의 쓰지 않는 신문으로 유명하다. 르 몽드는 창간 초기부터 사진을 쓰지 않으면서 엄격한 문체를 고수해 왔는데, 이것은 오늘날까지도 큰 틀에서 지켜지고 있는 르 몽드의 편집 전통이다. 르 몽드는 웬만해서는 사진을 싣지 않는다. 르 몽드가 사진을 쓰지 않는 이유는 자칫 '이미지나 스펙터클'이 사건의 의미를 왜곡할 수 있다고 생각하기 때문이다. 내 개인적인 기억으로는 프랑스에서 7년 동안 살면서 르 몽드에서 사진을 본 적이 거의 없다. 프랑수아 미테랑 대통령이 세상을 떠났을 때, 1996년 1월 9일자 신문에서 르 몽드는 이례적으로 1면에 미테랑이 엘리제 대통령궁의 발코니에서 바깥을 응시하는 대형 사진을 실었고, 20세기 프랑스 최고의 석학 피에르 부르디외가 죽었을 때도 사진을 썼다. 그러나 대부분의 경우 르 몽드는 사진 대신 캐리커처나 회화적인 삽화 등을 주로 사용한다.

한 편의 삽화가 전면 해설 기사보다도 더 가슴에 와 닿는 경우를 우리는 왕왕 접해 왔다. 신문사 편집자들의 선입견이나 구구한 해설보다는 때로는 삽화나 만평, 카툰을 통해 분명한 메시지만을 전달해 주고 나머지는 독자의 이성적 판단에 맡기는 것이 더 효과적일 수 있는 것이다. 이러한 르 몽드의 편집 방식은 대부분의 대중 신문들이 기사를 압도하는 사진을 싣거나 신문 1면에 대형 사진이나 스카이박스(신문 상단에 기사를 압도하는 큰 사진을 싣는 것)를 사용하는 방식과는 대조적이다. 대중 신문들이 대중들의 관심을 끌기 위해, 읽는 신문보다 보는 신문을 지향하는 것이 추세이지만, 르 몽드는 이러한 시대적 추세를 역행하고 있다. 르 몽드는 신문 본래의 정신을 고집하며 여전히 '읽고 생각하는 신문' '속이 꽉 찬 신문'을 지향하고 있다. 이렇게 사진이라고는 거의 찾아볼 수 없는 '딱딱한 신문'이지만, 르 몽드는 그 공백을 분석 기사와 가치 있는 정보들로 채우고 있는 것이다.

르 몽드 신문에는 중후한 지식인, 석학들이 단골 필진으로 대거 참여한다. 저명한 교수를 비롯한 지식인들도 르 몽드에 자주 글을 기고한다. 물론 우리나라의 교수들도 조선, 중아, 동아를 비롯한 주요 언론에 글을 기고하는 경우는 많다. 그러나 우리나라의 교수들이 대부분 자신의 이념이나 사상에 얽매이지 않고 여기저기에 글을 쓰는 반면, 프랑스의 경우는 교수나 석학들이 자신의 이념적 성향에 맞는 언론에 고정적으로 글을 쓰는 것이 보통이다. 언론 자체가 색깔이 분명하다 보니 좌파 지식인은 리베라시옹이나 뤼마니테에, 우파 지식인들은 르 피가로에 글을 쓴다. 르 몽드는 원칙적으로는 열려 있지만 중도 좌파적 성향이 강하므로 피에르 부르디외나 에드가 모랭 등 비판적인 지성들이 필진으로 등장한다. 프랑스에서는 석학들의 언론 활동이 굉장히 자유롭고 언론에 글을 쓰는 것도 학문의 연장이라고 간주한다. 우리나라의 경우, 대학교수들의 언론 활동은 철저히 개인적이고 학문 외적인 사회 활동이다. 언론은 언론이고 학문은 학문이며, 양자 간에는 아무런 상관관계가 없다. 교수의 언론 활동이 업적 평가에 반영되지 않음은 물론이고, 오히려 학자로서의 외도라고 비판받기까지 한다. 가령 교수가 언론이나 방송에 자주 나오고, 신문이나 잡지에 자주 글을 쓰면, 원로 교수들은 "학자가 학문을 해야지, 무슨 잡문이냐"며 호통을 친다. 하기야 우리나라 교수들에게는 SCI 논문(학술 논문)[12] 한 편이 중요하지 신문에 기고하는 시론은 아무런 학문적 가치가 없을 것이다.

하지만 프랑스는 전혀 다르다. 프랑스의 저명한 교수들은 르 몽드에 기고하는 시론이나 칼럼 한 편을 SCI 논문만큼이나 중요하게 생각한다. 언론은 공론의 장이며 사상과 이념, 담론이 유통되는 또 하나의 강단이 될 수 있다고 생각하기 때문이다. 프랑스의 석학들은 사상·학문의 연장선상에서 신문에 글을 기고하고 자신의 주장을 펼치는 것이다.

프랑스 지성들의 적극적인 언론 활동

프랑스 교수들의 언론 활동을 보면 학문의 사회적 역할에 대해 생각하지 않을 수 없다. 물론 프랑스의 교수들이 언론 활동에 적극적인 것은 사회적인 참여(앙가주망)를 중요시하는 프랑스 지성의 전통과 무관하지 않다. 하지만 이것은 프랑스만의 문제가 아니다. 어느 사회를 막론하고 학문이 사회와 괴리될 수 없다는 것은 분명한 사실이다.

학문이란 게 도대체 뭔가. 지식을 배우고 진리를 탐구하는 것이 학문이라면, 상아탑에 안주하면서 현실과 담을 쌓고서는 결코 학문이 가능하지 않다. 제대로 된 학문이라면 현실을 더 치열하게 분석해야 되고 현실에 더 적극적인 관심을 가져야 한다. 현실에 기반하고 현실을 쳐다봐야만 진리도 탐구할 수 있고 살아 있는 지식도 얻을 수 있는 것이다. 사회 현실과 괴리된 학문은 이미 죽은 학문이다. 마찬가지로 대학의 학문이 뜬구름 잡는 탁상공론이나 일삼고, 대중들이 알아듣지 못하는 현학적인 용어로 학회 활동을 하는 것에 한정된다면 대학에는 더 이상 미래가 없다. 대학은 한편에서는 사회 진출을 준비하는 장이고 사회의 축소판이기도 하다. 따라서 대학교수는 교육을 통해 사회적인 책임을 져야 하고 사상·학문 활동을 통해 사회에 참여해야 할 것이다. 이런 점에서 프랑스 지성인들의 적극적인 언론 참여는 우리 지성계가 본받아야 할 귀감이 아닐까 싶다.

르 몽드는 오자 없는 신문으로도 유명하다. 르 몽드는 페이지마다 빼곡하게 글자들이 박혀 있는 알찬 신문이라 정말 성실한 사람이 아니라면 하루치 신문을 다 읽기도 벅찰 정도이다. 많은 정보와 소식, 사설과 칼럼을 담고 있는 신문이기에 르 몽드는 연구자들이나 지식인들이 즐겨 본다. 또한 어학 공부를 하는 유학생들에게도 좋은 교재가 되고 있다.

프랑스어는 명사마다 남성과 여성이 있고, 형용사도 성과 수를 일치시켜야 하므로 상당히 까다로운 언어이다. 뿐만 아니라 묵음도 많고 스펠링대로 읽히지도 않기 때문에, 철자법은 더 힘들다. 프랑스인들도 그냥 발음 나는 대로 쓰다 보니 철자 틀리는 것이 일상적이다. 르 몽드는 매일같이 그 많은 기사를 싣지만 꼼꼼히 찾아봐도 오자 한 자 나오지 않는다. 이것도 르 몽드의 자랑이라고 한다. 내가 프랑스 유학 시절 어학을 공부했을 때 알게 된 자비에(Xavier)라는 프랑스어 강사가 있었는데, 그는 늘 입에 침이 마르도록 르 몽드 이야기를 하면서, "어디 오자 한번 찾아 봐라, 쉽지 않을 걸"하고 말했었다.

르 몽드가 걸어온 외길 60년

  르 몽드는 1944년 12월 18일에 창간되었다. 신문의 제호인 '르 몽드'는 '르 탕(Le Temps, 영어의 더 타임에 해당)'을 연상시킨다. 르 탕은 전쟁 전, 즉 프랑스 제3공화국(1870~1940년, 프랑스-프로이센 전쟁에서 나폴레옹 3세가 패전해 공화국이 선포된 후 제2차세계대전 발발 전까지 지속된 공화국) 시절에 있었던 신문이었다. 하지만 이 신문은 사실상 자본과의 연계가 강했다. 이런 한계를 극복하고자 했던 것이 르 몽드였다.

  신생 르 몽드 신문을 창간하고 주도했던 사람은 법학박사이며 언론인인 위베르 뵈브-메리(Hubert Beuve-Méry)였다. 지금도 르 몽드 신문 1면에는 제호 아래 칸에 '창간자 위베르 뵈브 메리, 회장 장-마리 콜롱바니'라고 되어 있다. 우리나라 신문의 경우는 발행인, 편집인, 편집위원장, 편집국장에다 각 부서 조직까지 박스로 장황하게 표기하고 있지만, 프랑스 신문에는 그런 난이 없다. 르 피가로나 르 파리지엥, 리베라시옹 등 다른 신문을 보더라도 신문사의 전화번호, 조직, 발행인 등이 전혀 표기되어 있지 않다. 르 몽드의 경우는 그나마 창간자와 회장 두 명의 이름이 찍혀 있다.

르 몽드의 초대 발행인인 뵈브-메리는 1944년에 르 몽드를 창간했고, 1969년까지 르 몽드를 이끌었다. 그는 1928~1939년에 프라하에 있는 프랑스 연구소(Institut français de Prague)의 법률경제부 책임자로 일하면서 일간 신문 르 탕의 현지 특파원도 겸했다. 그러나 뵈브-메리는 르 탕과 그 밖의 프랑스 신문들이 히틀러와 나치스에 대해 적극적으로 대항하지 못하는 것을 공개적으로 비판하면서 르 탕의 특파원을 그만둔다. 그 후 제2차세계대전중에 뵈브-메리는 레지스탕스에 합류해 나치스에 저항한다.

르 몽드를 창간한 것만으로도 뵈브-메리는 세계 언론사에 길이 남을 만한 인물이지만, 그는 학자로서도 많은 일을 했다. 『대독일을 향하여』(1939) 『제4공화국의 자살』(1958) 등 많은 책을 저술하기도 했고, 기자양성 및 훈련센터 회장도 역임했으며, 파리 대학에서 강의도 했다. 르 몽드 발행인 자리에서 은퇴한 후에는 1970~1978년까지 AFP 통신의 경영자문위원으로 일했다.

게으름은 곧 패배다

뵈브-메리의 최대 공적은 오늘날까지 유지되고 있는 르 몽드의 정체성과 틀을 만들었다는 것이다. 르 몽드 역대 발행인들인 자크 포베(Jacque Fauvet), 앙드레 로랑스(André Laurens), 앙드레 퐁텐(André Fontaine) 등은 모두 뵈브-메리의 모범을 계승하고 있다. 르 몽드는 재정적 독립성을 바탕으로 신문의 엄격한 논조를 지켜왔고, 외부의 영향을 일체 받지 않고 편집진이 신문의 내용을 결정해 왔다. 또한 피에르 비앙송-퐁테(Pierre Viansson-Ponté), 베르트랑 뿌아로-델뻬쉬(Bertrand Poirot-Delpech) 등 저명한 논설위원과 해외의 우수한 통신원 조직을 보유함으로써 신문의 질을 담보해 왔다.

특히 신문의 제호(세계)에서도 드러나듯, 르 몽드는 세계 각지의 통신원 조직을 바탕으로 국제 뉴스에 심혈을 기울이는 신문이다. 르 몽드가 세계 소식에 중점을 두고 국제 문제를 비중 있게 다루는 이유는 신문 창간호에 잘 나타나 있다.

르 몽드 창간호는 "게으름은 곧 패배다"라는 드골 장군의 말을 인용하고 있는데, 르 몽드는 제2차세계대전의 패배 원인은 이웃 나라 독일에 대해서도 제대로 정보가 없었고, 또 게을렀기 때문이라고 봤던 것이다.

그러면 창간부터 현재까지 시기별로 르 몽드의 역사를 좀 더 자세히 살펴보기로 하자. 샤를르 드골 장군은 1944년 파리가 해방되면서 프랑스에도 외국에서 보기에 모범이 될 만하며 믿을 만한 신문이 하나쯤은 꼭 있어야 한다고 생각한다. 그래서 드골은 이런 신문의 창간을 뵈브-메리에게 제안했고, 이렇게 드골 임시 정부의 지원으로 창간된 관제 신문(?)이 바로 르몽드다.

신생 르 몽드는 파리의 이탈리아인 거리(rue des italiens)에 있던 '르 탕' 신문사 사옥과 윤전기를 임대한다. 그 당시는 종이 구하기도 어려웠던 시절이라 1944년 12월 18일 발행된 르몽드의 창간호는 큰 종이에 양면으로 인쇄된 것이 전부였다. 12월 20일자 신문은 147,190부를 발행했다. 당시 편집위원회는 발행인 겸 편집인인 위베르 뵈브-메리(창간자), 법학교수인 르네 꾸르땡(René Courtin), 드골 정부의 언론공보담당관이었던 크리스티앙 펑크-브렌따노(Christian Funck-Brentano) 등으로 구성되었다.

르 몽드는 출발부터 독립성과 독창성을 갖기 위해 분투했다. 처음 이 신문 창간을 위해 드골 정부는 자본금으로 당시 돈으로는 거액인 1만 프랑을 빌려주었는데, 창간된 지 5개월도 못 된 그 이듬해 4월에, 르 몽드는 부채를 모두 청산하고 모든 권력으로부터의 독립을 선언하게 된다. 이런 르 몽드의 선전에 정부 기관이 깜짝 놀랐다고 한다. 초창기의 편집진에는 과거 르 탕의 편집진이 많이 참여했다. 그 후 레지스탕스 출신이나 나치정권에 의해 국외로 추방되었다가 귀국한 사람들, 나치정권 하의 정치범들이 대거 참여함으로써 르 몽드는 '권력에 대한 독립과 불의에 대한 저항'을 표방하는 언론으로 자리잡게 된다.

1948년 4월 13일, 르 몽드는 통산 발행 1,000호를 맞게 된다. 조직 체계는 다소 불안했지만 르 몽드는 여전히 선전하고 있었다. 당시 연간 평균 발행 부수는 135,355부였다. 다만 문제는 재무 구조가 안정적이지 못하다는 것이었다.

1951년 르 몽드는 재정난으로 인한 첫 번째 위기를 맞았고, 위기를 극복하는 방안으로 '편집회사'가 새로 설립된다. 그 해 7월 27일 뵈브-메리 회장은 간부들에게 회사의 해산과 간부들의 사임을 제안한다. 같은 해 12월, 총회가 열렸고, 여기에서 기자들은 '르 몽드 기자회(Société des rédacteurs)'의 설립을 결정한다. 주주 총회는 기자회가 보유할 수 있는 자본의 증자를 승인했고, 이로써 편집진은 28%의 주식을 보유할 수 있게 되었다. 또, 뵈브-메리 회장은 회사 내의 다른 경쟁자들을 물리치고 회장 자리를 유지하게 된다.

1956년, 르 몽드는 창간 12년 만에 건물 임대 세입자 시절을 마감하고 이탈리아인 거리에 있는 사옥의 주인이 된다. 윤전기도 함께 인수했다.

1957년은 알제리 독립전쟁[13]으로 온 나라가 시끄러웠다. 르 몽드는 1957년 12월 14일자 신문에 '알제리의 개인 자유 및 권리보호위원회 보고서'를 게재하는데 이것이 문제가 되어 3주 후 알제리 주재장관 로베르 라코스트(Robert Lacoste)는 르 몽드에 대해 정간 처분을 내린다. 그 후에도 르 몽드는 1961년 3월 11일까지 19번에 걸쳐 정간 처분을 받았다. 알제리 독립을 지지하는 르 몽드의 보도 태도 때문에, 프랑스령 알제리를 지지했던 세력은 르 몽드 신문을 적대시하게 된다. 당시 편집국장이던 자크 포베를 비롯한 편집진들은 테러의 표적이 되기도 했다.

알제리의 독립을 지지했던 르 몽드는 드골 정부로부터도 탄압을 받게 된다. 드골의 지원 하에서 만들어진 신문이 드골 정부의 알제리 정책을 반대하는 최대의 적이 된 것은 역사의 아이러니이다. 1958년, 드골 정부가 언론의 영향력 때문에 모든 언론출판물에 대한 '사전 검열'을 하기 시작하자 여기에 대한 저항의 의미로 뵈브-메리는 5월 27일에서 6월 6일까지 발행된 르 몽드지의 1면에서 자신의 이름을 빼버린다.

시리우스 vs. 드골

드골 정부와 르 몽드의 긴장과 알력은 10여 년간에 걸쳐 지속되었다. 드골 정부의 기자 회견이 있으면, 르 몽드는 사설을 통해 드골 정부에 대해 비판을 가하곤 했다. 뵈브-메리는 '시리우스(Sirius)'라는 필명으로 사설을 썼는데 드골 정권 하에서 드골과 시리우스의 관계는 늘 팽팽한 긴장의 연속이었다.

1964년 르 몽드는 창간 20주년을 맞는다. 르 몽드는 이제 재정적으로는 안정 국면으로 접어들었고 평균 발행 부수도 20만 부를 넘어섰다. 또한 최신 윤전기를 도입하여 한 시간에 15만 부를 찍을 수 있는 체제를 갖춘다. 이로써 신문 인쇄 속도는 1944년 당시보다 두 배로 빨라졌다.

거대한 사회 운동의 폭풍이 몰아쳤던 1968년은 프랑스 전역이 들끓었던 해이다. 르 몽드는 기성세력과 보수적인 질서에 저항했던 학생 운동과 사회 운동을 전폭적으로 지지했다. 전국적인 총파업이 있었음에도 불구하고, 르 몽드 신문을 자진해서 배포하겠다는 자원봉사자들 덕분에 이 시기 르 몽드의 발행 부수는 80만 부를 넘어섰다. 르 몽드 역사상 최고의 발행 부수였다.

사회 운동이 절정이었던 5월에는 극우 세력이 르 몽드의 편집 간부들을 위협했고, 살벌한 분위기 속의 르 몽드 사옥은 긴장된 요새를 방불케 했다. 그 해 르 몽드의 주식 지분 구조도 바뀌었다. 전체 1,000의 르 몽드 지분 중 기자회 지분 400, 간부 지분 40, 사원 지분 40, 창간자·협력자 및 우호 지분 400 그리고 경영자 측 지분 110의 구조로 바뀐 것이다. 또한 재무 감사위원회와 편집 자문위원회도 그때 함께 신설되었다. 1958년 이래 10년 동안 르 몽드의 매출은 3배 증가했고, 발행 부수는 2배로 늘어났으며 사원 수도 2배로 늘었다.

1969년에는 25년간 르 몽드를 이끌어온 뵈브-메리가 은퇴했다. 회장 자리는 55세의 중견 언론인 자크 포베가 물려받았다. 그는 오랫동안 정치부 기자로 일했으며 르 몽드의 편집국장을 맡아오던 인물이었다.

1970년대 들어 르 몽드는 신문 편집권을 둘러싸고 내홍(內訌)을 치르게 된다. 기자회가 르 몽드 편집에 대해 절대적인 결정권을 갖고 있었기 때문이다. 여기에 반발해 젊은 기자들이 신문 편집과 발행 과정에 함께 참여할 수 있도록 해줄 것을 요구했다. 한편 자크 포베 신임 회장은 르 몽드의 주말판 등 많은 섹션을 신설했다.

1979년 5월 7일 르 몽드의 대표적인 논객이었던 피에르 비앙송-퐁테가 세상을 떠난다. 그는 1958년 르 몽드 정치부장을 지냈고, 1970년부터는 르 몽드의 편집자문 및 논설위원을 맡아왔다. 그는 '르 몽드 오주르디위(오늘의 세계)'라는 르 몽드 주말 섹션을 책임지고 있었다. 그 해 12월 7일에는 경제부장 질베르 마띠유(Gilbert Mathieu)도 세상을 떠났다. 1979년 평균 발행 부수는 445,372부였는데, 발행 부수 면에서 프랑스 일간 신문 중 세 번째였다. 이때가 르 몽드의 전성기였다.

1985년에는 프랑스의 저명한 언론인이며 외국에서도 잘 알려진 앙드레 퐁텐이 르 몽드의 새 회장으로 취임한다. 앙드레 퐁텐은 1947년에 르 몽드에 입사한 초창기 멤버였고, 1969년에 국제부를 맡았던 르 몽드의 베테랑 기자였다. 앙드레 퐁텐은 앙드레 로랑스(André Laurens)가 이전부터 제안했던 안을 대폭 수용했다. 주요한 골자는 이탈리아인 거리의 르 몽드 사옥 매각, 사원 감축을 통한 긴축 재정(10%의 임금 절감), 경영에 있어서 새로운 외부인 영입, 신문 지면 쇄신 등이었다. 1985년 11월 30일에는 '르 몽드 개방의 날(portes ouvertes)' 행사를 열기도 하였는데, 이날 무려 12,000명이나 되는 인파가 모여들었다. 르 몽드는 이들을 새로운 투자자로 유치했다. 르 몽드 기자회는 알랭 밍크(Alain Mink)가 대표 이사를 맡아 재정을 관리했고, 독자 및 대중들에게 투자를 호소해 1,500만 프랑을 모으는 데 성공했다.

1987년 3월 21일에는 르 몽드의 주주그룹 중 하나인 독자회(Société des lecteurs)의 첫 번째 주주 총회가 열렸는데, 무려 4,000명의 독자 주주가 참가했다. 르 몽드 앙트르프리즈(Le Monde Entreprises)의 주주 총회도 잇달아 열렸다. 르 몽드는 그룹조직 조정을 통해 레지 프레스나 르 몽드 퓌블리시떼(광고회사) 등의 자회사들을 설립했다. 물론 이들 회사들의 최대 주주는 르 몽드다.

이제 르 몽드는 앞서 이야기했던 레인보우 워리어 호 사건 등의 보도를 통해 진실을 추구하는 저항 언론, 독립 언론으로서의 위상을 확고히 다졌고, 발행 부수나 판매 부수도 안정화되어 간다.

르 몽드는 새로운 발전과 도약을 위해 신문 발행을 현대화하기로 결정하고 파리 근교의 이브리 쉬르 센(Ivry-sur-Seine) 시에 현대적인 건물의 인쇄소 사옥을 건설하고 르 몽드 인쇄주식회사(Société Le Monde Imprimerie)를 설립한다. 르 몽드 인쇄주식회사에는 프랑스의 출판 재벌인 아쉐트(Hachette)도 주주로 참여했는데, 아쉐트는 34%의 지분을 보유했다. 이때 신형 칼러 오프셋 윤전기도 두 대 도입했다.

1990년 1월에는 르 몽드 영업부 및 경영팀도 신규 인쇄소 사옥 옆으로 이사 오게 된다. 4월에는 편집국이 역사적인 르 몽드의 사옥이 있던 이탈리아인 거리를 떠나 새로이 파리 15구의 팔귀에르(rue Falguière) 가로 이사를 간다. 이때부터 르몽드의 기자들은 완전히 전산화된 시스템을 갖추게 된다.

1991년에는 르 몽드의 새로운 회장으로 경제학자인 자크 레주르느가 추대된다. 자크 레주르느 회장은 르 몽드 내부 출신이 아닌 첫 번째 회장이었다. 경제학자 출신의 회장에게 르 몽드의 경영을 맡긴 것은 광고시장이 위축되고 구독자 수가 줄어드는 등의 심각한 경영난 때문이었다. 하지만 레주르느 회장은 결국 이러한 신문 불황 상황을 타개하지 못하고 1994년에 물러나고 만다.

단명한 레주르느 회장을 계승한 것은 르 몽드 기자 출신의 장-마리 콜롱바니였다. 장-마리 콜롱바니는 1977년에 르 몽드에 입사해 줄곧 정치부 기자로 일했으며 정치부장을 거친 '르 몽드 사람'이었다. 장-마리 콜롱바니 회장은 르 몽드의 재정난을 타개하고 신문에 활력을 불어넣기 위해 대대적인 개혁작업을 단행한다. 콜롱바니가 회장을 맡은 1994년은 르 몽드가 창간 50주년을 맞는 해였다. 콜롱바니는 신규 주주를 유치하기 위해 유한책임회사(SARL, Société à responsabilité limiée)이던 르 몽드를 주식회사(SA, Société Anonyme)로 전환한다. 이로써 주식의 독립성을 강화하면서도 약 3억 프랑(480억 원)의 자본을 유치하고 주주도 다양화시켰다.

1995년에는 대대적인 편집 개혁을 통해 새로운 르 몽드를 선보인다. 콜롱바니 회장은 "새로운 르 몽드는 새 신문을 의

미하는 것이 아니라, '더 나은 르 몽드(un Monde meilleur)'를 의미한다"고 선언했다. 조판도 개선하고 정보도 등급별로 체계화했으며, 활자도 읽기 쉽고 보기 좋게 바꿨다. 이밖에도 지평선(Horizons), 오주르디위(Aujourd'hui, 오늘), 기업(Entreprise) 란 등을 신설해 읽을거리도 늘렸다. 이런 일련의 개혁 작업은 성공적이었고 신문판매량은 6.7%나 늘어났다.

1996년, 에드위 플레넬(Edwy Plenel)이 새로 편집국장으로 취임하면서 르 몽드는 내용 면에서도 큰 변화를 맞게 된다. 그는 프랑스 중앙 일간지들이 일반적으로 취약했던 지방 소식을 강화했고, 미디어를 다루는 난, 광고란, 새로운 유행에 관한 난 등을 더욱 풍부하게 했다. 플레넬 편집국장 체제 하에서 르 몽드의 지면과 섹션은 일대 쇄신을 단행한다. 그들은 좀더 대중과 일상 속으로 파고드는 신문을 만들고자 했던 것이다. 이런 노력에 힘입어 르 몽드는 재정적인 안정과 균형을 찾아가게 된다.

이브리의 인쇄소 사옥 근처로 이사 갔던 신문 경영팀은 파리 5구의 클로드 베르나르 거리에 위치한 신문 편집국과 합류하게 된다. 광고국도 이곳으로 오면서 신문 편집의 중요한 부서는 모두 파리 5구로 모이게 된다. 아울러 비슷한 시기에 르 몽드 인터넷판(www.lemonde.fr)이 만들어져 독자들을 대상으로 서비스를 시작하게 된다. 이 사이트는 르 몽드의 그날그날치 신문은 무료로 제공하지만, 지난 호를 보거나 자료검색을 할 경우는 유료이다. 지금까지도 르 몽드는 여전히 온라인 유로서비스 체제를 고수하고 있다.

표4 역대 르 몽드 회장(발행인) 및 재임 기간

	회 장	재임 기간
1대	위베르 뵈브-메리 (Hubert Beuve-Méry)	1944~1969
2대	자크 포베 (Jacquet Fauvet)	1969~1982
3대	앙드레 로랑스 (André Laurens)	1982~1985
4대	앙드레 퐁텐 (André Fontaine)	1985~1991
5대	자크 레주르느 (Jacques Lesourne)	1991~1994
6대	장-마리 콜롱바니 (Jean-Marie Colombani)	1994~현재

1997년 장-마리 콜롱바니 회장은 주주 총회에서 '2년에 걸쳐 자본금을 2천만 프랑(당시 환율로 약 35억 원)으로 증자한다'는 안을 통과시키고, 르 몽드 사원들을 중심으로 새로운 투자를 유치했다. 물론 이는 르 몽드의 사원들이 르 몽드 주식회사에서 더 큰 지분을 보유하게 함으로써, 르 몽드를 외부 권력으로부터 독립된 르 몽드 사원의 신문으로 만들려는 노력으로 해석할 수 있다. 또한 르 몽드의 간부들보다 평사원들이 더 큰 힘을 가질 수 있도록 했다는 의미도 있다. 르 몽드는 또한 매출에 따른 수익의 8-20%를 주주들에게 배당하도록 했다.

1999년에 르 몽드는 새로운 컬러 인쇄 윤전기 두 대를 더 도입했다. 이로써 르 몽드는 모두 4대의 윤전기를 갖추게 되었고, 4도 인쇄(quadrichromie)가 가능해졌다. 다른 한편으로 르 몽드는 인터넷 사업에도 투자를 시작한다. 르 몽드는 인터넷 부분을 담당하고 있는 자회사 르 몽드 엥테렉티프(Le Monde Interactif)에 3천만 프랑을 투자했고, 거대 그룹인 라가르데르의 계열사 그롤리에 앵테렉티브(Grolier Interacive)와도 제휴했다. 2002년 르 몽드는 새로운 지면 구성을 선보이며 변화를 시도한다. 이제 르 몽드는 세계 120개국에 배포되는 유수한 언론으로 자리잡았다. 또한 르 몽드는 일간지 르 몽드뿐만 아니라 르 몽드 디플로마티크를 비롯한 12개의 매체를 펴내고 있다.

표5 르 몽드가 펴내는 인쇄 매체들

1	Les suppléments au quotidien(일간지의 부록)
2	Le Monde diplomatique(르 몽드 디플로마티크)
3	Manière de voir(마니에르 드 부와르, 보는 방법)
4	Le Monde de l'education(르 몽드 드 레뒤까시옹, 교육세계)
5	Le Monde Dossiers et documents(르 몽드 도시에 에 도뀌망, 서류와 문서)
6	Le Monde Initiatives(르 몽드 이니시아티브)
7	Sélection hebdomadaire(셀렉션 엡도마데르, 주간 選)

8	Nord Sud export(노르 쉬드 엑스포르, 북-남 수출)
9	Le Bilan du Monde(르 빌랑 뒤 몽드, 세계연감)
10	Le Monde 2(르 몽드 2)
11	Cahiers du cinéma(까이에 뒤 시네마, 영화 노트)
12	Courrier international(꾸리에 앵테르나쇼날, 국제우편)

르 몽드의 24시[14)

르 몽드는 석간신문이다. 그래서 오전에 기사를 쓰고 오후에 신문이 발행돼 가판대(키오스크)로 발송된다. 르 몽드의 일정은 정오의 1차 편집 회의로부터 시작된다. 당일 신문의 편집은 오전에 끝나므로 12시 회의에서는 다음 날짜 신문의 주요 기사에 대해 논의를 시작한다. 매일 매일의 기사 마감 시간은 오전 10시 30분이다. 따라서 기사를 일단 마감해 놓고 12시에 첫 번째 회의를 연다. 12시 15분이 되면 오전에 마감한 신문의 인쇄가 끝나고 편집부가 있는 클로드 베르나르 가의 르 몽드 사옥에 초판이 도착한다. 르 몽드 기자들은 르 몽드사의 사내 식당에서 점심 식사를 하며 휴식을 취한다.

오후 3시부터는 본격적인 취재에 나선다. 일부 기자들은 사건의 주요 현장에 이미 나가 있다. 나머지 기자들은 신문사 안에서 현재의 주요한 이슈나 소재에 대해서 논의하고, 12시의 편집 회의에서 이야기된 기사거리를 준비한다. 또, 그날 나온 다른 신문들을 훑어보기도 하고 어떤 일러스트레이션을 쓸 것인지도 미리 구상한다. 각 부서(séquence)별로 다음 날짜 신문 기사의 본격적인 준비에 들어가는 것이다.

일부 지면은 벌써 완성된 경우도 있다. 이런 기사는 이슈나 스트레이트 사건 기사가 아니라 사전에 기획된 기사들이다. 예를 들어 본지 지면 가운데 기획 기사란인 '오리종(Horizons, 지평선)'이나 문화면 '뀔뛰르(Culture)', 스포츠, 패션, 트렌드 등을 다루는 '오쥬르뒤이(Aujourd'hui, 오늘)' 그리고 '라디오-텔레비전'난의 기사들이다. 매일 신문 속의 신문으로 발행하는 간지(섹션 신문)도 마찬가지이다. 기자들은 대부분 휴대용 노트북 컴퓨터로 기사 작성을 한다. 취재한 내용과 통신사(News Agency)[15]에서 보내온 속보를 대조하고 비교하면서 진실 여부를 가린 뒤, 기사나 논평, 분석 기사 등을 작성한다.

오후 4시 30분에는 두 번째 편집 회의가 열린다. 12시의 1차 편집 회의에 이어 다음 날 신문 편집에 대한 진전된 논의를 하기 위한 회의다. 이 회의에는 각 부서의 부장들과 편집국의 간부들이 참석해 주제를 좀더 세밀하게 잡는다. 미리 예정돼 있던 주제가 바뀌는 경우도 종종 발생한다.

오후 6시부터는 야간 취재에 들어간다. 오후에 발생한 사건을 취재하러 기자들은 현장으로 달려간다. 밤늦게까지 취재하는 경우도 있다. 속기로 취재 수첩에 적기도 하고, 현장에서 바로 기사를 작성해 온라인 송고를 하기도 한다.

저녁 7시가 되면 다음 날 신문에 실릴 기사들이 속속 도착한다. 신문사 내에서는 기사에 맞는 그래픽이나 기타 그림, 삽화 등을 준비한다. 업무가 없는 기자나 일반 직원들은 퇴근한다. 공식적으로 신문사의 하루 일과는 저녁 7시에 끝난다. 저녁 8시가 되면 신문 전체 지면의 1/3 정도가 BAT(Bon à Tirer, 인쇄 준비 완료), 즉 OK 상태이다.

다음 날 아침, 르 몽드는 일찍 기상한다. 아침 6시면 벌써 하루가 시작된다. 신문사의 교환수, 배달·운반 담당 직원들, 기자들도 새벽 6시면 클로드 베르나르 가의 르 몽드 사옥에 도착한다. 신문사가 밤의 정적을 깨고 바빠지기 시작한다. 각국의 특파원, 통신원들이 해외에서 보내온 기사들도 도착해 있다. 기자들은 라디오를 들으며 새 소식에 귀 기울이고, 새로운 사건에 대해 서로 의견을 나눈다.

서서 하는 편집 회의의 전통

아침 7시 30분에는 조간의 첫 편집 회의가 열린다. 발행인인 장-마리 콜롱바니 회장실에서 회장이 직접 주재하여 전날의 회의에 이은 세 번째 편집 회의를 한다. 각 부서의 부장들은 편집의 주 메뉴를 설명한다. 콜롱바니 회장과 에드위 플레넬 편집국장이 참석한 가운데 그날의 사설 주제를 정하고, 가장 중요한 1면의 머리기사도 결정한다. 이 회의의 가장 큰 특징은 모두가 '일어서서 회의를 한다'는 것인데, 이것은 르 몽드 신문이 창간 이후 지금까지 60여 년간이나 지켜온 전통이다. 르 몽드에서는 창간자인 뵈브-메리 회장 때부터 서서 편집 회의를 했다고 한다. 항상 긴장된 가운데 신중하게 회의를 한다는 취지에서이다.

부장들은 부서별로 편집 회의 결과를 기자들에게 설명해 주고, 오전 8시부터는 편집 회의의 결정 내용을 바탕으로 기사를 작성한다. 기사 마감은 원칙적으로 10시 반이다. 마감까지는 이제 겨우 두 시간 반이 남았다. 신문 발행에 차질을 빚지 않으려면 마감 시간을 정확하게 지켜야 한다. 스트레이트 기사가 아닌 사전 기획 기사들은 전날 이미 마무리한 것도 있지만, 사건 기사들은 최종적인 추이를 지켜보며 오전 중에 기사를 작성한다. 오전 9시가 되면 기사의 초고들이 나온다.

9시 15분에는 초고에 대한 기사 검토를 하고, 필요한 경우 자료실에 요청해 자료를 덧붙여 기사를 풍부하게 만드는 작업을 한다. 이때부터는 르 몽드 자료실이 바빠진다. 기자들은 기사를 작성하면서 수치 자료나 옛날 사건 기록, 비슷한 사건 등 각종 자료들을 자료실에 요청한다. 방송 뉴스와는 달리 신문 기사는 깊이 있는 분석과 해설이 필요하고 통계나 수치도 많이 써야 한다. 자료실의 중요성을 일찍부터 자각한 르 몽드는 1987년부터 자료를 완전히 전산 DB화했다.

오전 9시 30분. 이제 마감까지는 불과 한 시간밖에 남지 않았다. 광고국에서 최근의 광고 경향을 분석하고 광고를 확정한다. 이 시간에 편집국에서는 1면 기사를 구성하기 시작한다.

10시 15분. 신문사는 정신이 없다. 마지막 피치를 올리며 기사를 손본다. 제목을 바꾸기도 하고 최종 교열을 본다. 10시 30분이 되면 기사 마감을 하고, 기사 편집은 일단 끝이 난다. 편집된 기사는 이브리 쉬르 센의 르 몽드 인쇄소로 전송된다. 윤전기에서 인쇄를 준비한다.

11시가 되면 인쇄 준비가 끝나고, 11시 15분이면 윤전기가 돌아간다. 르 몽드 윤전기는 한 대당 1시간에 12만8천 부를 찍는데, 두 대의 윤전기가 동시에 가동된다. 유료 독자는 39만 부 정도지만 보통 50만 부를 인쇄한다. 특종 사건이 있으면 100만 부까지 찍는다.

11시 45분부터는 인쇄된 신문이 포장되고 가판대로 그리고 정기 구독자들에게로 발송되기 시작한다. 신문 초판은 파리시 내의 경우 스쿠터에 실려 가판대로 향한다. 프랑스 사람들은 오후 1시면 르 몽드 초판을 사볼 수 있다. 지방에는 오후 늦게야 도착한다. 이렇게 해서 르 몽드의 당일 제작은 끝난다. 한편 편집국에서는 내일 신문을 위한 12시 편집 회의가 열린다.

언론의 중립이 아니라 독립을 지향하는 르 몽드

르 몽드가 내세우는 최고의 자부심은 '언론의 독립성'이다. 이는 창간 때부터 사시나 다름없었다. 르 몽드는 줄곧 신문의 독립성을 생명처럼 소중하게 여겨왔다. 르 몽드 창간 당시를 다시 한번 회고해 보자. 1944년 8월에 파리가 해방되면서 신문사들이 우후죽순처럼 창간되었는데, 그 해 겨울 마지막으로 탄생한 신문이 르 몽드다.

외국에서도 신뢰받는 프랑스의 대표적인 정론지를 원했던 드골 장군은 르 몽드 창간을 물심양면으로 지원했다. 드골 정부는 신문 창간 자금을 지원했다. 이를테면 르 몽드 신문은 '관제 언론(?)'인 셈이다. 하지만 르 몽드는 권력과 자본으로부터의 독립을 선언하면서 홀로서기를 시도했고, 결국 채 1년도

되지 않아 드골 정부로부터 받았던 지원금을 완전히 갚는다. 르 몽드의 언론인들은 창간 초기부터 신문사의 지분을 외부인에게 절대 양도하지 않겠다고 서약했다. 특정 이데올로기 그리고 권력으로부터 독립하려면 무엇보다도 재정적으로 독립하지 않으면 안 된다고 생각했기 때문이다. 외부 권력으로부터의 독립과 재정적 자립은 반세기 이상의 역사를 가진 르 몽드의 전통이다.

르 몽드 회장의 지분, 0.05%

르 몽드의 자본금을 형성하고 있는 주식이 어떻게 구성돼 있는가를 살펴보면 르 몽드의 성격은 분명히 드러난다. 2003년 현재 르 몽드의 자본금은 1억5천만 유로(약 1,800억 원)가 조금 못 된다. 그런데 전체 주식 중 가장 많은 지분을 가지고 있는 것은 300여 명의 전·현직 르 몽드 기자들로 구성된 '기자회'다. 그밖에 100여 명의 간부들, 100여 명의 관리직 직원들, 15명의 뵈브-메리(창간자)협회 임원, 12,000명에 이르는 독자회 그리고 모두 6개 그룹으로 나뉜 50개 회사 등이 나머지 지분을 나누어 소유하고 있다. 놀라운 것은 이 신문사의 회장인 장-마리 콜롱바니가 전체 약 2천 주 중 단 1주만을 갖고 있다는 사실이다. 다시 말해 르 몽드의 사장은 르 몽드 주식의 1/2,000(0.05%)을 소유하고 있을 뿐이다.

르 몽드 지분의 소유 구조는 다음 표(2003년 6월 14일 현재)

와 같다.

표6 르 몽드 주식회사 지분 구조

내부 주주	파트너 주주
르 몽드 기자회 29.58%	르 몽드 독자회 10.43%
위베르 뵈브-메리 회 11.77%	르 몽드 앙트르프리즈 10.43%
르 몽드 직원 6.08%	르 몽드 투자자 8.58%
르 몽드 간부회 2.86%	르 몽드 프레스 6.83%
르 몽드 사원회 2.35%	르 몽드 프레부와양스 (공제회) 5.27%
르 몽드 직원회 0.05%	클로드 베르나르 회 2.86%
장-마리 콜롱바니 회장 0.05%	르 몽드 유럽 2.86%
내부 주주 총 52.74%	파트너 주주 47.26%
전체 르 몽드 SA(주식회사) 100%	

출처 : *Portrait d'un quotidien*, 2003.

기자회가 최대 주주라는 것은 이 신문이 사실상 사원주주제의 형태로 운영되고 있고 기자들이 독립적이고 자주적인 힘을 가지고 있다는 것을 의미한다. 르 몽드는 특정인의 신문이 아니다. '사주'라는 개념조차 없다. 장-마리 콜롱바니 회장은 정치부 기자 출신으로, 선출된 사장이다. 그는 기자 위에 군림하는 경영자도 아니요, 사주는 더욱더 아니다.

회장의 경우 사내 감사위원회에서 선출되더라도 기자위원들의 거부가 있을 때는 사장이 될 수 없기 때문에 신문을 좌우하는 실세는 오히려 평기자들이다. 또 다른 프랑스의 유력 신문 리베라시옹의 소유 구조도 르 몽드와 크게 다르지 않다. 사회당 성향의 리베라시옹도 지식인들이 즐겨 보는 신문이다. 리베라시옹의 최대 지분을 갖고 있는 것도 기자를 포함한 신문사의 사원들(36%)이다.

우리나라의 신문이 사주의 사유 재산이라면 프랑스의 신문은 공기(公器)에 가깝다. 우리나라에서는 '언론의 자유는 언론사의 자유이고, 언론사의 자유는 곧 사주의 자유'인 것처럼 이야기하지만, 프랑스 언론은 대부분 '공공의 성격'을 분명히 한다. 이는 무엇보다도 언론의 소유 구조나 사회적 역할, 권력과의 관계 등이 우리와는 본질적으로 다르기 때문이다. 한국 신문은 거의 대부분이 재벌 언론(문화, 중앙)이거나 언론 재벌(조선, 동아)이고 소유 구조는 사주 중심의 독점 형태이다. 조선일보는 방씨 일가가 주식의 86.6%를 소유하고 있고, 동아일보는 김병관 씨 일가가 66%, 한국일보는 장씨 일가가 98%의 지분을 가지고 있다.[16] 이런 소유 구조의 차이는 한국 신문과 프랑스 신문 간의 가장 큰 차이점이다.

르 몽드 신문 소개 책자에는 "르 몽드는 르 몽드를 만드는 사람들, 르 몽드를 읽는 사람들, 르 몽드가 어려움에 처했을 때 도와주었던 사람들이 보유하고 있는 신문"이라고 되어 있다. 우리나라 신문은 가족 소유이거나 창업자의 자손이 사장이지만 르 몽드의 사장은 대부분 기자 출신이고, 선거를 통해 선출된다. 뿐만 아니라 '사장 선·해임동의권'은 기자들이 갖고 있다. 외부의 투자자들도 르 몽드의 주식을 사기 위해서는 '모든 형태의 권력으로부터 독립한다'는 르 몽드의 언론철학에 동의하고, '신문 편집에 일체 간섭하지 않는다'는 서약서에 서명해야만 한다. 재정 구조도 우리나라 신문과는 큰 차이가 있다.

르 몽드 광고 수입은 38%

르 몽드의 1년 매출액은 1999년 기준으로 2억3천5백만 유로(약 2,700억 원) 규모이다. 그런데 르 몽드 총매출액 중 신문 판매를 통한 수입은 2000년 기준으로 전체 수입 중 62%이다. 반면 광고 수입은 38%이다. 이 수치는 장-마리 콜롱바니 회장이 르 몽드를 이끌면서 재정난을 극복하기 위해 광고 비중을 대폭 늘린 이후의 수치이다. 1990년대까지만 하더라도 르 몽드의 수입 구조는 구독료 수입(지대)과 광고가 각각 70%, 30% 정도였다. 어쨌거나 광고 수입보다 신문 판매 수익이 절대적으로 많다는 것은 이 신문이 광고주인 대기업의 영향력으로부터 벗어나 있다는 것을 의미한다. 일반적으로 자본주의의 언론은 정치권력으로부터 독립적일 수는 있어도, 광고주인 기업으로부터는 자유로울 수가 없다. 르 몽드는 이런 자본주의 언론의 한계를 처음부터 자각했고, 경제권력(자본)으로부터 독립적인 목소리를 내기 위해 광고보다 판매 수익을 우선으로

해야 한다는 대원칙을 초지일관 고수하고 있는 것이다. 경제 권력으로부터의 재정적 독립은 르 몽드의 독립성을 뒷받침하는 토대이다. (한편 우리나라 신문은 어떤가. 우리나라는 그 구성 비율이 정반대이다. 우리나라 주요 일간지의 재정 구조를 보면 광고 수입이 평균적으로 신문 재정의 약 70%를 웃돈다.)

이처럼 광고 수입을 제한하여 언론의 독립성을 견지하고 있는 르 몽드는 여기에서 만족하지 않고 1985년부터는 광고 업무를 아예 자회사로부터 분리시켜 편집과 광고의 유착 관계를 근원적으로 '단절'시켰다. 르 몽드는 이런 면에서 여러 가지로 독립 언론의 모델이 되고 있다.

그러나 르 몽드가 최고의 지성지가 될 수 있었던 것은 독특한 소유 구조나 재정적인 독립성 때문만은 아니다. 르 몽드는 분명한 색깔과 논조를 가지고 있는 소신 있는 언론이다. 기사의 깊이와 세련된 분석은 단연 타 신문의 추종을 불허한다.

르 몽드는 '모든 권력(정치권력과 금권)으로부터의 독립'을 지향한다. 하지만 독립성과 중립성은 다른 개념이다. 르 몽드는 양비론처럼 모호한 입장을 표방하거나, 중립성을 내세우는 회색 언론은 결코 아니다. 르 몽드의 입장은 오히려 분명하고 명확하다. 특히 인종주의나 극우 이데올로기에 대한 르 몽드의 입장은 비타협적이기까지 하다.

프랑스 언론들은 대부분 자신들의 정치적 색깔을 분명히 갖고 있고 사설의 논조도 일관성을 갖는다. 르 몽드의 목소리는 진보적이다. 르 몽드는 프랑스 지성들이 그러하듯 자신과 다른 의견에 대한 정치적인 공격을 가하지 않는다. 더군다나 언론이 정치인이나 정당, 정치 세력에 대해 색깔 공세를 퍼붓는다는 것은 적어도 프랑스에서는 가능하지도 않을 뿐더러 상상할 수도 없다. 프랑스 문화와 지성을 유지해 온 가장 큰 힘은 다양성에 있기 때문이다. 특히 정치적 다양성, 문화적 다양성은 프랑스 사회가 생명처럼 소중히 여기는 가치이다. 하지만 여기에도 예외는 있다.

자유는 소중하게, 하지만 인종주의와 파시즘은 절대 불가

프랑스 지성과 언론은 다양성과 자유를 위협하는 세력에 대해서는 비타협적인 투쟁을 벌인다. 인종주의와 극우 파시즘에 대해서 특히 그러하다. 프랑스의 언론과 지성은 모든 정치적 이견과 이데올로기에 대해 똘레랑스(관용)를 주장하지만, 인종주의와 파시즘에 대해서만은 똘레랑스를 용납하지 않는다. 인종주의는 인간의 존엄성을 위협하는 위험한 사고이며, 파시즘은 획일적인 사상과 전체주의적 선동으로 사회문화의 다양성을 파괴하는 사상이라고 생각하기 때문이다.

무솔리니의 파시즘으로 시작된 전체주의는 히틀러의 나치즘, 프랑코의 프랑키즘에서 보여지듯 하나의 당, 하나의 국가, 하나의 지도자를 주창하는 획일적 사상이다. 전체주의는 민주주의와 적대되는 사상이다. 전통적으로 속지주의에 바탕한 자유의 나라임을 자부해 온 프랑스이기에 지식인들은 외국인 혐

오주의와 국수주의로 무장한 극우 파시즘을 프랑스의 전통적 이념에 대한 근원적인 거부로 보고 있는 것이다.

1996년 르 몽드를 중심으로 한 반극우투쟁은 이런 프랑스 지성과 언론의 신념을 분명히 보여준 사건이었다. 프랑스의 유력 일간지 르 몽드는 일간지 리베라시옹, 주간지 르 누벨 옵세르바퇴르 등의 진보적 언론들과 함께 프랑스의 극우 정당 국민전선(FN, Front National)과의 전면전에 나선 적이 있다. 1995년 4월 17일 파리 근교 낭테르 시 법원은 극우 국민전선이 요구한 '지상 답변 게재 청구권'을 인정해 르 몽드지에 국민 전선의 반론 게재를 명령하는 판결을 내렸다. 이런 법원 판결이 나오자, 정치인, 지식인, 언론인들은 곧바로 투쟁을 선언했던 것이다.

문제의 발단은 1995년 5월 1일의 국민전선 연례 시위행진으로까지 거슬러 올라간다. 이날 시위중에 국민 전선의 열성 지지자인 스킨헤드 몇 명이 지나가던 모로코인 청년 하나를 붙잡아 폭행한 뒤 센 강의 급류에 밀어 익사시킨 사건이 발생했다. 극우파의 확산에 경계심을 가지고 있던 좌·우파 정치인들은 이 사건을 계기로 "파시즘적 성향의 극우 국민전선은 살인을 부르는 위험한 정치 집단"이라며 일제히 규탄했다.

르 몽드의 논설위원 피에르 조르주는 1995년 5월 12일의 사설에서 국민 전선의 이념을 정면으로 비판했다. 이에 국민 전선의 당수 장-마리 르펜은 이 사설에 대한 자신의 반론을 르 몽드지에 실어줄 것을 요구했다. 전통적으로 극우 세력에 대해 적대적인 입장을 분명히 해온 르 몽드가 이를 받아들일 리 만무했고, 이에 대해 국민 전선은 답변 게재 청구권을 요구하며 소송을 제기해 결국 승소하기에 이르렀던 것이다. 르 몽드는 강제 명령에 의해 결국 국민전선의 반론을 실었으나, 곧바로 "국민전선의 반론은 반론이 아니라 논쟁과 관련 없는 국민전선의 자유 발언대"이며, 이는 "반론권의 남용"이라고 주장했다.

한편 사회당 성향의 좌파 일간지 리베라시옹지도 똑같은 소송에 걸려 국민전선의 반론권 인정 판결을 받았다. 별다른 호기를 찾지 못해 침체해 있던 국민 전선은 때를 만난 듯 목소리를 높이기 시작했다. 여기에 머무르지 않고, 극우지도자 장-마리 르펜은 언론이 자신의 정당을 극우 정당이라 부르는 것을 일체 금지하도록 촉구했고, 만약 자신의 정당을 극우파라 언급하면 그때마다 매번 소송을 제기할 것이라고 엄포를 놓았다. 르 몽드는 사설을 통해 판결에 유감을 표명했고, "극우파를 극우파라 부를 수 없다면 그것은 명백한 의사 표현의 자유를 침해하는 것"이라고 맞받아쳤다. 그리고 반론문 게재와 관계없이 항소심을 제기했다.

르 몽드의 저항에 고무된 리베라시옹 역시 지식인, 정치인들의 기고를 받아 정치면을 반극우투쟁 선전의 장으로 백분 활용했고, 르 몽드에 이어 나란히 항소심을 제기했다. 최고의 판매 부수를 자랑하는 시사 주간지 르 누벨 옵세르바퇴르도 지원 사격에 나섰다.

고양이는 고양이라고, 극우는 극우라고 부를 것

우리는 그들의 위험에 굴복하지 않을 것이다. 고양이를 고양이라 부르는 것은 당연하다. 따라서 우리는 계속하여 장-마리 르펜을 극우파 정치인으로, 그의 정당 국민전선을 무자비한 외국인 혐오심으로 가득 찬 극우 정당이라 부를 것이다.

이번에는 137인의 정치인, 지식인, 예술가 등 유력 인사들이 사회민주주의 성향의 주간지 르 누벨 옵세르바퇴르의 반극우 선언문(6월 20일)에 서명했다. 인기 가수 알랭 바슝, 카롤 로르, 미녀 배우 미우미우 등 연예인들이 대거 참여했다는 점도 흥미롭지만, 전 총리 로랑 파비위스, 전 문화부 장관 자크 랑, 전 사회당 당수 미셸 로카르, 공산당 당수 로베르 위, 프랑스 제1노조 노동총동맹(CGT)의 총서기 루이 비안네, 제2노조 프랑스 민주노동연합(CFDT)의 총서기 니콜 노타 등 좌파 지도자들과 우파 제2당 UDF 당수 프랑수아 레오타르, 전 보건부 장관 시몬느 베이, 중견 의원 피에르 마조 등 우파 정치인들이 좌우 정쟁을 뒤로 하고 나란히 서명했다는 점이 주목할 만하다. 르 몽드는 정치 운동을 표방하는 신문이 아니지만 민주주의와 인간의 존엄성에 대한 위협에 대해서는 전투적인 언론이 돼 투쟁의 선봉에 섰던 것이다.

2000년, 우리나라의 경향신문은 창간 54돌을 맞아 르 몽드 편집국장과 인터뷰를 한 적이 있다. 여기에서 우리는 르 몽드의 언론관을 다시 한번 확인할 수 있다. 이메일로 이루어진 인터뷰에서 르 몽드의 플레넬 편집국장은 이렇게 말했다.

르 몽드는 중립적이지 않습니다. 종종 명확하고 단호한 입장을 표명합니다. 유럽통합과 국제사법의 당위성, 프랑스 정부의 부패와의 전쟁 등에 대해서는 명백하게 찬성하는 입장을 밝혔습니다. 반대로 극단적인 자유주의와 운동 선수들의 약물 복용 문제 등은 분명히 반대합니다. 르 몽드는 휴머니즘과 보편주의를 추구합니다. 우리 신문의 제호는 르 몽드(Le Monde, 세계)이지 라 나시옹(La Nation, 국가 또는 민족)이 아닙니다. 르 몽드는 프랑스라는 한 국가의 관점보다는 우리가 굳게 믿는 휴머니즘과 보편적 관점을 견지합니다. 하지만 정보를 취급하는 것과 신문의 가치 판단은 별개의 문제입니다. 신문의 첫 번째 책무는 독자들에게 다양하고 복잡하며, 다원적이고 상호 모순되기도 하는 모든 정보를 전하는 것입니다. 독자들이 자기 의견을 갖도록 돕는 것이지요. 르 몽드는 자체 노선에 따라 정보를 왜곡하지 않습니다. 신념은 사설로만 표현합니다.[17]

중립 표방 않는 프랑스 언론

프랑스 언론은 결코 중립을 표방하지 않는다. 이것은 우리나라 언론과는 근본적으로 다른 차이점이다. 우리나라 언론은 저마다 정론직필의 정론지를 자처하고 있고 언론의 객관성, 중립성을 내세운다. 보수적인 신문이든 진보적인 언론학자이든 모두 같은 논지를 펴고 있다. 가령 언론학자 김동민 교수는 오마이뉴스에 실린 글을 통해 "나는 거듭 강조하거니와 언론의 생명은 '도덕성'과 '비당파성'이다"라고 말했다. 언론의 중립성을 통한 공정성을 주장하는 것은 진보적인 언론도 마찬가지이다. 프레시안에 실린 다음의 글은 '새 언론포럼'에서 프레시안의 한 간부가 발표한 발제문의 일부이다.

> 언론이 현실의 특정 정치 세력과 일체화되는 것은 위험하다. 현실의 어떤 개인이나 집단도 진리와 정의를 독점할 수는 없기 때문이다. '당은 항상 옳다'는 공산당의 무오류 선언은 오류였음이 드러났다. 마찬가지로 현실의 한 세력이 절대선을 주장하는 것은 위험하며 이에 동조하는 것은 더욱 위험하다. 현실의 특정 세력은 정당성의 일부만을 가지고 있을 뿐이다. 문제는 '누가 더 정당성의 비율이 많은가'이다. 언론의 역할은 공정한 심판자로서 현실 세력의 시시비비를 냉정하게 가려내는 것이다.
>
> (「프레시안」, 2003년 11월 21일.)

언론이 공정한 심판자로서 현실 세력의 시시비비를 객관적으로 가려낸다는 것이 과연 가능한가? 정치적 사안에 대한 공정한 심판이 과연 가능한가? 이런 객관성, 가치중립성의 주장은 막스 베버적인 관념에 지나지 않는다. 보수건 진보건, 한국 언론들이 하나같이 공정성과 중립성을 표방하는 것은 한국 언론이 그동안 너무 편파적이거나 친권력적이었음을 반증하는 건지도 모르겠다. 그러나 언론이 중립성, 비당파성, 객관성을 견지한다는 것 또한 관념적인 신화에 불과하다. 프랑스 언론은 도덕성, 진실성은 표방하지만 비당파성을 표방하지는 않는다. 하니리포터 김승열은 언론은 오히려 당파성을 가져야한다고 주장했는데, 프랑스 언론에 비추어 본다면 지극히 당연한 이야기이다.

현재 한국 언론은 당파성이 없는 것이 문제라고 본다. 한국 언론 대부분이 무당파성, 정론, 객관성, 균형을 강조하지만, 이는 그야말로 독자들을 혼란에 빠뜨릴 뿐이다. 프랑스에는 오히려 이러한 당파성을 근거로 논쟁을 하고 있다고 한다. 극우에서 극좌에 이르는 언론들이 무지개처럼 늘어서 있고, 누군가가 사회에 대해 발언을 할 때는 그가 지지하는 정당, 그 정당을 지지하는 언론을 보아야만 올바로 발언의 의미를 파악할 수 있으며, 미국도 마찬가지로 명백히 공화당과 민주당을 지지하는 언론이 나누어져 있다. 성숙한 민주주의 국가라면 다양성을 토대로 하여야 하고, 이는 언론의 당파성을 인정하는 것에서 이루어지는 것이 바람직하지 않겠는가? 언론에게 필요한 것은 사실과 진실이지 비당파성이 아니다. 피하여야 할 것은 왜곡이지 당파성이 아니다.

(김승열, 「하니리포터」, 2001년 7월 5일.)

언론의 자유를 보장해 주는 것은 언론의 독립성이다. 한 나라가 독립을 잃으면 자유를 잃듯이, 언론도 독립성을 잃으면 자유를 잃게 된다. 언론의 역사는 어떤 측면에서 본다면 언론의 자유를 쟁취하기 위한 투쟁의 역사였다. 현대 사회에서 언론은 입법, 행정, 사법부에 버금가는 제4의 권력(제4부)이라고 불릴 정도로 막강한 힘을 가지고 있다.

르 몽드 디플로마티크의 주필인 이냐시오 라모네(Ignacio Ramonet)는 자신의 저서 『커뮤니케이션의 횡포』에서 미디어를 제4부가 아닌 제2부로 규정하고, "제1부로 뛰어오른 경제, 제3부로 밀려난 정치와 함께 새로운 '삼권 분립'을 이루어야 한다"고까지 주장한다. 하지만 그래도 이 막강한 펜의 힘은 때로는 정치권력 앞에, 때로는 자본의 위력 앞에 굴종하는 모습을 보여주었다.

프랑스의 언론도 처음부터 자유 언론이었던 것은 아니다. 프랑스의 국력이 절정에 달했던 나폴레옹 시대의 언론만 보더라도 프랑스의 언론은 지금과 같지 않았다. 당시 프랑스의 신문은 권력으로부터 자유롭기는커녕 정치권력 앞에서 해바라기 같은 모습을 보여줬다.

권력 앞에서 신문 편집이 굴절된 고전적인 예가 나폴레옹 시대의 프랑스 최대 일간지 모니퇴르(Moniteur)이다. 지금은 사라진 언론이지만 모니퇴르는 프랑스 혁명 과정에서 시민혁명을 옹호하면서 최대의 일간지로 부상했다. 하지만 반혁명적인 나폴레옹이 집권하자 이번에는 나폴레옹을 적극적으로 지지하면서 시민세력의 기대를 저버린다. 나폴레옹이 패전한 뒤 엘바 섬으로 유배되자, 이 신문은 다시 나폴레옹을 비판한다. 그러나 나폴레옹은 1815년 3월 1일 엘바 섬을 탈출해 다시 파리로 입성한다. 나폴레옹이 엘바 섬을 탈출해 파리로 들어오는 20일간에 드러난 모니퇴르의 논조 변화를 보면 언론이 권력에 대해 얼마나 무력했고 친권력적이었는지를 생생하게 확인할 수 있다. 모니퇴르 머리기사의 제목 변화 과정은 다음과 같다.

-살인마 소굴에서 탈출
-코르시카의 아귀 쥐앙 만에 상륙
-괴수 카프에 도착
-괴물 그르노블에 야영
-폭군 리용을 통과
-약탈자 수도 60마일 지점에 출현
-보나파르트 급속히 전진! 파리 입성은 절대 불가
-황제 퐁텐블로에 입성하시다
-어제 황제 폐하께옵서는 충성스런 신하들을 거느리고 궁전에 듭시었다

(손석춘, 『신문읽기의 혁명』(개마고원, 1997) 재인용.)

전두환 장군이 집권하자 조선, 동아일보가 보여주었던 용비어천가식의 보도 기사가 프랑스의 나폴레옹 시대에도 있었던 것이다.

언론은 권력과 긴장 관계 유지해야

물론 오늘날의 프랑스 언론에서 이런 권력에 대한 아부를 찾아볼 수는 없다. 그만큼 시민 사회가 탄탄해졌고, 언론이 투쟁을 통해 '자유'와 '권력으로부터의 독립성'을 쟁취했기 때문이다. 적어도 언론이 사회의 공기(公器)로서 제 기능을 다하자면 언론은 권력과 부단히 긴장 관계를 가져야 한다.

언론이 정치권력으로부터 독립적이라고 해서 언론의 독립성이 완전히 실현된 것은 아니다. 자본주의 하에서는 경제권력이라는 보이지 않는 손이 언론에 절대적인 영향력을 행사하고 있기 때문이다. 정도의 차이는 있지만 언론은 여전히 '광고'라는 경제권력으로부터 크게 자유롭지 못하다. 하지만 르몽드는 다른 모습을 보여주고 있다. 르 몽드는 자본주의의 언론도 충분히 경제권력으로부터 독립적일 수 있다고 믿고 있다. 때문에 르 몽드는 정치권력과 금권으로부터의 독립성이야말로 신문의 생명이라고 생각하고 있는 것이다.

르 몽드, 또 다른 권력인가

르 몽드는 지난 60여 년간 독립 언론을 지향하며 외길을 걸어왔다. 경제권력의 영향으로부터 벗어나기 위해 광고의존형의 자본주의 언론이 아니라 판매 수익에 기반을 둔 대안의 언론을 실현했고, 또 그 원칙을 지켜가고 있다. 르 몽드는 프랑스 지성인들의 필독 신문이며 따라서 르 몽드가 갖는 사회적 영향력은 지대하다. 르 몽드의 힘이 이렇게 크다 보니, 얼마 전 르 몽드를 비판한 책이 출간돼 사회가 떠들썩했던 적이 있다. 문제의 책은 2003년 2월 26일에 발간되어 사회적 파문을 불러일으켰던『르 몽드의 감춰진 얼굴 *La face cachée du Monde*』이다.

프랑스 최고의 지성지이며, 프랑스가 자랑하는 신문 르 몽드에 대한 도발적인 폭로와 노골적인 비판을 담은 이 책은 말 그대로 프랑스 언론계와 지성계를 발칵 뒤집어 놓았다. 저자는 피에르 페앙(Pierre Péan)이라는 프리랜서 기자와 전직 르몽드 기자 출신의 필립 코엔(Philippe Cohen)이다. 두 명의 공저로 출간된 이 책에는 "그동안 '대항권력(Contre-pouvoir)'임을 자임하던 르 몽드가 '권력화'되면서 어떻게 변모되어 왔는가"를 보여주는 구체적인 사례들을 들고 있다.

그들은 르 몽드가 1995년 대선에서는 우파 후보인 에두아르 발라뒤르 전 총리를 암묵적으로 지지하고 좌파 대통령 미테랑을 공격했으며, 무가지(無價紙) 유치를 위해 로비를 하거나 외자 도입을 위해 대기업과 연계했다며 르 몽드를 정면 비판했다. 또한 르 몽드 내부의 반대세력을 제거하려고 했고, 코르시카 독립주의자들에 대해서는 호의적이었다고 지적하면서, 편집국장의 독단과 그의 전력에 대해서도 의문을 제기했다.

저자들은 르 몽드가 세계에 대한 탁월한 식견과 객관적인 시각으로 그간 입지를 넓히고 다져왔지만, 너무 자신감에 찬 나머지 점점 독단적인 편집권을 행사하며 여론을 장악하고 있다고 비판했다. 특히 저자들은 이 책에서 르 몽드를 이끌어가는 장-마리 콜롱바니 회장, 에드위 플레넬 편집국장, 알랭 밍크 감사위원장을 3두 과도정(또는 3인방 체제)이라고 규정하면서, 르 몽드에서 이들의 영향력이 지나치게 커서 예전의 르 몽드를 퇴색시키고 있다고 비난했다.

르 몽드에 대한 이런 노골적인 비판은 전대미문의 '사건'이었다. 르 몽드에 대한 자부심을 갖고 있고, 르 몽드의 권위를 신뢰하고 있던 독자들에게 이런 비판은 마른하늘에 날벼락 같은 소리였기 때문이다. 이 책이 발행 첫날에만 6만 부가 팔렸던 점만 봐도 르 몽드에 대해 프랑스 시민들이 얼마나 큰 관심을 갖고 있는지를 짐작할 수 있다.

당사자인 르 몽드도 이 책의 발간 앞에 당황할 수밖에 없었다. 발간 당일 르 몽드의 최대 주주인 '르 몽드 기자회'는 긴급 총회를 열고 200여 명이 모인 가운데 열띤 토론을 벌였다. 결국 르 몽드는 충분한 토론을 거친 후, 2월 28일자 신문에 '페앙과 코엔의 책은 르 몽드에 대한 비난과 모략으로 이루어졌다'는 반박문을 게재했고, 저자들이 '편집국의 분위기가 비민주적'이라고 비판한 데 대해서도 강하게 반박을 했다.

르 몽드 비판에 대한 반응은 다소 엇갈린다. 대표적인 우파 주간지인 렉스프레스(L'Express)는 르 몽드가 이미 권력화되었으므로 이런 비판을 겸허하게 받아들여야 한다고 주장했다. 렉스프레스의 발행인인 드니 장바르는 다음과 같이 비판했다.

르 몽드는 진짜로 변모되었고 이는 경영진들이 원한 바이기도 하다. 이러한 변화는 점차로 토론의 대상이 되었다. 그러므로 그러한 변화에 대해 종합 평가를 해보는 것은 정당하다. 왜냐하면 르 몽드는 창간부터 50년간 프랑스의 공공 영역에서 특수한 역할을 해왔기 때문이다. 르 몽드는 단순한 언론기관이 아니라 공공토론에 참여하고 큰 영향을 끼

치는 하나의 제도화된 기구(Institution)이다. 르 몽드는 엘리트와 여론을 형성하고 매개자의 역할을 한다. 다른 무엇보다도 르 몽드는 가르친다. 르 몽드는 남이 따라오기를 원한다. 르 몽드는 정보를 주는 만큼이나 가르치려고 한다.[18]

반면 프랑스 최고의 주간지인 르 누벨 옵세르바퇴르는 르 몽드에 대한 비판은 지나치다며 르 몽드를 옹호했다. 르 누벨 옵세르바퇴르는 최근호에서 '르 몽드의 감춰진 얼굴'이라는 책 제목을 흉내 내어 '언론의 감춰진 얼굴'이라는 특집 기사를 싣고, 문제는 르 몽드가 아니라 프랑스 언론이라고 비판했다. 이 주간지는 프랑스인의 57%가 언론의 보도 내용을 신뢰하지 않고 있다는 여론 조사를 함께 실었다.

언론은 두 개의 얼굴을 가진 감시견이어야

오늘날의 르 몽드가 과연 언론권력화되었는지, 아니면 시민사회를 대변하는 대항권력인지에 대해서는 섣부른 판단을 내릴 수 없다. 하지만 분명한 것은 르 몽드가 그만큼 프랑스 지성계에서 중요한 역할을 하고 있다는 점이다. 반세기 이상 르 몽드가 걸어온 길과 르 몽드가 견지해 온 원칙으로 미뤄볼 때, 르 몽드는 기존 언론과는 다른 대안의 모델을 보여주었고 이를 통해 사회적 영향력을 쌓아왔던 것도 틀림없다. 개인적인 생각으로는 아마도 르 몽드에 대한 독자 대중들의 신뢰가 엄청나서, 이것이

군림하는 권력으로 비춰졌던 것이 아닐까 싶다.

이런 프랑스 내의 르 몽드 논쟁을 지켜보면서, 나는 언론이 언론을 비판할 수 있는 프랑스의 언론 상황과 프랑스 국민 대다수가 지대한 관심과 애정을 갖고 있는 신문이 있다는 사실이 무엇보다도 부러웠다.

'언론은 두 개의 얼굴을 가진 감시견이어야 한다'는 말이 있다. 얼굴 하나는 부단히 사회를 감시하며 짖어야 하고, 또 하나의 얼굴은 자기 자신을 바라보며 감시해야 한다는 이야기이다. 언론은 밖으로 사회를 비추고 안으로 자신을 반성할 때라야 제대로 된 기능을 할 수 있다.

그러기 위해서 언론은 스스로를 비판하고 반성할 수 있어야 한다. 저널리즘 속에는 사회비판뿐 아니라 자기비판도 수반되어야 하는 것이다. 우리나라에도 발행 부수 200만 부가 넘는 거대 신문이 세 개나 있다. 하지만 일등 신문에 대한 안티 운동에도 불구하고 정작 일등 신문 자신은 어떠한 자기반성도 없다. 언론의 권력화나 편집의 독단으로 치자면 우리나라의 3대 일간지가 르 몽드보다 훨씬 심할 것이다. 물론 이들 신문에 대한 국민적인 신뢰도를 비교하면 르 몽드의 몇십 분의 일도 안 되겠지만.

또 다른 세계를 보여주는 르 몽드 디플로마티크

르 몽드는 십여 개의 자회사를 갖고 있다. 르 몽드의 자회사 중 가장 돋보이는 것은 르 몽드 디플로마티크(Le Monde Diplomatique)이다. 우리말로는 '외교세계'라는 뜻의 이 신문은 국제 문제를 전문으로 다루는 수준 높은 월간 신문이다. 말은 신문이지만 한 달에 한 번씩 발행되기 때문에 기사보다는 전문적인 분석 기사들로 구성된다. 따라서 형태만 신문일 뿐 전문 잡지에 가깝다. 르 몽드 디플로마티크는 르 몽드의 자회사이지만 독립적으로 운영되며, 논조도 르 몽드보다 훨씬 진보적이고 전투적이다.

르 몽드 디플로마티크는 특히 사회 운동과도 밀접한 연관을 갖고 있다. 르 몽드 디플로마티크에서 자주 언급되는 '아탁'은 르 몽드 디플로마티크의 논객인 베르나르 카생(Bernard Cassen)과 이냐시오 라모네 등의 제안으로 만들어진 조직이다. 현재 아탁은 신자유주의 세계화 운동에 대항하는 가장 강력한 국제 시민 운동단체로 부상하고 있다. 우리나라에서도 르 몽드 디플로마티크의 글을 엮은 책이나 이 신문의 주간 이냐시오 라모네의 책이 몇 권 출간되었기에 르 몽드 디플로마티크는 국내 독자들에게도 익숙한 이름일 것이다.[19]

반미·반세계화 표방하는 국제 문제 전문지

르 몽드 디플로마티크는 중도적인 성향의 르 몽드와는 달리 공공연히 반미, 반패권주의, 반세계화를 표방하는 색깔 있는 매체이다. 피에르 부르디외, 베르나르 카생 등 세계적으로 잘 알려진 석학들과 유럽 지성계를 풍미하는 비판적 지성인들이 대거 필진으로 참여하기에 질과 수준 면에서도 단연 돋보이는 전문지이다. 얼굴 없는 혁명가로 알려진 멕시코 사파티스타의 부사령관 마르코스도 이 매체에 가끔 글을 기고한다. 가령 르 몽드 디플로마티크를 통해 발표된 그의 글 "제4차세계대전이 시작되었다"는 세계화와 금융자본의 폭력적 본질을 분석한 명문이었다. 미국의 살아 있는 지성이라 불리는 노엄 촘스키도 르 몽드 디플로마티크의 단골 필진이다.

르 몽드 디플로마티크도 르 몽드의 창간자인 위베르 뵈브-메리에 의해서 만들어졌다. 1954년에 창간되었는데, 처음에는 외교 관련 종사자들에게 국제 문제에 대한 고급 정보와 판단 자료를 제공하는 것이 목적이었다. 창간 후의 국제 정세는 매우 급박했다. 인도차이나 문제 처리를 위한 제네바 회담, 알제리 전쟁, 독일의 재무장, 수에즈 운하 분쟁 등이 당시에 있었던 굵직한 사건들이다. 르 몽드 디플로마티크는 이런 급변하는 국제 정세에 대한 지식인들의 갈증을 해소시켜 주는 데 주력했다.

초대 편집장인 프랑수아 옹띠(François Honti)는 르 몽드 디플로마티크에 독특한 색깔을 부여했다. 당시 신문들의 천편일률적인 보도와 매너리즘에서 벗어나 국제 문제를 새로운 각도에서 보는 관점을 제시했던 것이다. 비동맹운동의 시발점이 된 반둥회의를 보도하면서 르 몽드 디플로마티크는 당시 서구 사회가 외면해 온 아프리카나 아시아, 라틴아메리카 같은 제3세계 문제에 특별한 관심을 기울였다.

참신한 문제 제기와 깊이 있는 분석은 수준 높은 독자들을 매료시켰고, 역대 주필들을 거치면서 판매 부수는 점점 늘어났다. 초기에 5,000부에 불과했던 발행 부수는 현재 프랑스에서만 30만 부를 넘는다. 뿐만 아니라 독일어, 스페인어, 포르투갈어, 이탈리아어, 그리스어, 영어, 아랍어 등 외국어로도 발간되고 있는데, 외국어판 르 몽드 디플로마티크의 발행 부수는 총 120만 부에 이른다. 국제 문제 전문지가 100만 부를 넘는다는 것은 세계에서 유일무이한 경우이다. 르 몽드 디플로마티크는 프랑스에서 유력 매체로서의 자리를 확고히 하고 있으며, 국제 문제에 관심을 가진 독자들이 반드시 구독하는 지성인의 필독 매체로 자리잡았다.

처음부터 제3세계 국가들에 깊은 관심을 보여왔던 이 신문은 계속해서 제3세계 국가들의 정치, 경제, 사회 전반의 문제들을 폭넓게 다루고 있다. 특히 편집장 끌로드 쥘리앙(Claude Julien)이 이끌던 시기의 편집팀은 독립적인 성향을 가지고 국제 문제를 다룬 것으로 유명하다. 그들은 자신들의 국제 문제 분석이 당시의 전반적인 분위기에 역행할지라도 조금도 흔들림 없이 독특한 문제 제기를 계속했었다.

1991년 이래 이냐시오 라모네가 주필 겸 사장으로서 이 신문을 이끌고 있다. 라모네는 기호학과 문화사 연구로 박사학위를 받았고 미디어, 커뮤니케이션, 지정학, 세계화 등에 대한 시사적인 칼럼과 논설을 주로 써왔다. 그는 끊임없이 미국적 지배담론에 대한 비판적인 시각을 견지하여 유럽 지성계의 비판적 흐름을 주도하고 있으며, 현재 르 몽드 디플로마티크의 1면 상단에 자신의 고정란을 연재하고 있다. 르 몽드 디플로마티크의 담론은 유럽에서 가장 진보적이고 비판적이며 수준 높은 논의라고 생각해도 무리가 없을 것이다.

프랑스의 지성과 문화를 지탱하는 언론의 힘

지금까지 프랑스의 문화와 지성 그리고 프랑스의 대표적인 지성지 르 몽드에 대해서 살펴보았다. 프랑스는 지성과 문화의 나라이다. 세계 지성사를 이끌어 온 강대국 프랑스의 힘은 무엇보다도 문화에 있다. 이런 문화와 지성에 있어 언론 매체는 중요한 역할을 해왔다. 특히 르 몽드는 프랑스적인 문화를 지키는 데 앞장섰고, 지성의 사회적인 참여를 유도해 왔으며 시민 사회를 대변해 온 지성지이다.

언론은 사회를 비추는 거울이자 사회를 들여다보는 창이기에, 언론을 보면 그 사회를 짐작할 수 있다. 또한 언론은 민주주의의 척도이기에, 프랑스 언론을 보면 프랑스의 민주주의를 가늠해 볼 수 있다. 프랑스 언론이 다양한 것은 사회문화의 다양성이 사회 근저에 뿌리내린 프랑스적인 문화를 그대로 반영하고 있기 때문이다. 반면 우리나라의 언론이 천편일률적이고 보수일변도인 것은 사회 전체의 분위기가 여전히 민주주의적인 다양성을 수용하고 있지 못하기 때문이다.

우리는 프랑스 언론을 통해 그들의 사회적 다양성과 지성과 문화에 대한 고집스런 집념을 확인했고, 언론의 자유와 독립에 대한 그들의 신념을 살펴보았다. 앞서 말했듯이 르 몽드는 언론의 독립성을 생명처럼 여기는 매체이다. 특히 르 몽드는 광고에 의존하지 않는 새로운 신문 모델을 만듦으로써, 재정적인 어려움 속에서도 언론의 독립성을 지켜오고 있다. 그런 점에서 르 몽드는 이미 언론사에 한 획을 그은 신문이다.

샤를르 드골 장군과 프랑스 국민들은 전후 프랑스가 자랑할 만한 신문을 갖기를 원했고, 위베르 뵈브-메리를 통해 결국 그 꿈을 실현했다. 언론의 횡포나 권언(權言) 유착 등에 익숙한 우리들에게 르 몽드는 특별한 신문일 수도 있다. 하지만 원칙과 소신을 가진다면, 우리도 르 몽드같이 세상 어디에 내놓아도 자랑할 만한 매체를 가질 수 있을 것이라고 기대해 본다.

주

1) United Nations Educational, Scientific and Cultural Organization. 1945년 11월 16일 탄생한 국제기구로 2003년 10월 현재 회원국이 190개국이다.

2) 최준식 외, 『유네스코가 보호하는 우리문화유산 열두 가지』, 시공사, 2002 참조.

3) Thomas Jefferson(1743~1826)은 미국의 독립선언문을 기초했던 미국의 제3대 대통령이다.

4) 1894년 유대인 포병대위 알프레드 드레퓌스가 독일대사관에 국가기밀을 넘겼다는 간첩 혐의를 받고 체포돼 비공개 군법회의에서 종신형 판결을 받는다. 드레퓌스가 간첩이라는 물증은 없었으나 단지 파리의 독일대사관에서 몰래 빼내온 정보 서류의 필적이 드레퓌스의 필적과 비슷하다는 것과 그가 유대인이라는 점이 혐의를 짙게 했던 것이다. 조사과정에서 그가 진범이 아님이 밝혀지는데도 군부는 진실을 은폐하면서 유죄선고를 내린다. 결국 이 사실이 사회로 알려지면서 사회는 드레퓌스의 결백을 주장하는 드레퓌스파(진보적 좌파, 자유주의적 지식인들)와 군부의 권위를 주장하는 반드레퓌스파(보수적 군부와 교회, 국수주의자)로 갈라진다. 1898년 에밀 졸라가 대통령에게 보내는 공개서한을 발표하면서 지식인들은 드레퓌스 사건의 진실을 밝히기 위한 대대적인 투쟁을 벌였고 결국 드레퓌스파가 승리한다.

5) 가령 르 몽드와 리베라시옹은 학위논문에도 곧잘 인용되는 지식인 신문이다.

6) 『기자통신』(한국기자협회, 2003년 10월 호) 중에서 최정암 기자의 기사, p.36.

7) ibid, pp.33~34.

8) 박태순, "프랑스의 기자양성 및 전문기자운영시스템", 출처 : www.82france.info

9) ENA(Ecole Nationale d'Administration), 국립행정학교. 프랑스의 대표적인 그랑제꼴로 정치인이나 고급 관료를 양성하는 엘리트 교육기관.

10) 신문의 발행 부수는 광고료와 직결되므로 중요한 척도이다. 하지만 발행 부수가 신문의 영향력이나 국제적인 공신력을 말해주지는 못한다. 발행 부수 면에서 일본의 제1신문 요미우리는 르 몽드의 36배가 훨씬 넘고, 우리나라의 일등 신문 조선일보는 5배가 넘지만, 국제적인 공신력이나 영향력에서는 르 몽드와 비교가 되지 않는다.

11) 김광일 특파원의 기사 "정상신문 해부(1) 불 르 몽드"(「조선일보」, 1999년 4월 6일)에서 인용.

12) *Science Citation Index*는 미국의 한 연구소에서 펴내는 총람이다.

13) 알제리는 1830년대 프랑스군이 점령한 이래 프랑스의 식민령이었고, 행정구역상으로도 프랑스에 편입되었다. 1954년부터 FLN(알제리 민족해방전선)의 주도 하에 항불민족해방 무장투쟁이 촉발되었고, 결국 1962년, 8년간의 전쟁 끝에 알제리는 프랑스로부터 독립하게 된다. 프랑스의 지식인들과 르 몽드 등 진보 언론은 국익과는 반대로 알제리 독립을 지지한다.

14) 매년 발간되는 르 몽드의 보고서 *Portrait d'un quotidien*(일간지의 초상) 2003년판 참조.

15) 통신사란 뉴스나 정보를 취재해서 신문사, 방송사에 배급해주는 매체 조직으로 일종의 뉴스 도매상이다. 미국의 AP, UPI, 프랑스의 AFP, 영국의 Reuters가 세계 4대 통신사로 세계 뉴스 시장을 거의 독점하다시피 하고 있다. 프랑스 신문들은 AFP(Agence France Presse)의 속보를 많이 쓴다.

16) 전국언론노조연맹자료, MBC뉴스 2000년 6월 2일 보도.

17) 「경향신문」, 2000년 10월 6일.

18) 성욱제, 「佛 '르 몽드의 감춰진 이면', '대항권력'인가, '권력자'인가」(『해외방송정보』, 2003년 4월 호)에서 재인용.

19) 르 몽드 디플로마티크의 글을 모은 단행본으로『프리바토피아를 넘어서』(부르디 외, 최연구 옮김, 백의, 2001) 등이 있고, 주간 이냐시오 라모네의 책으로는『21세기 전쟁』(최연구 옮김, 중심, 2003)『커뮤니케이션의 횡포』(원윤수 외 옮김, 민음사, 2000)『소리 없는 프로파간다』(주형일 옮김, 상형문자, 2002) 등이 있다.

참고문헌

김문환, 『프랑스언론 : 신문, 텔레비전, 라디오의 현황과 전망』, 커뮤니케이션북스, 2001.

손석춘, 『신문읽기의 혁명』, 개마고원, 1997.

이냐시오 라모네, 원윤수·박성창 옮김, 『커뮤니케이션의 횡포』, 민음사, 2000.

최연구, 『빠리이야기-나폴레옹의 후예들』, 새물결, 1997.

_____, 『프랑스 문화읽기』, 중심출판사, 2003.

_____, 『프랑스 실업자는 비행기를 탄다』, 삼인출판사, 1999.

한국기자협회, 『기자통신』, 2003년 10월 호.

한국사회언론연구회, 『현대사회와 매스커뮤니케이션』, 한울아카데미, 1999.

한국언론연구원, 『해외언론동향』, 2001.

브리태니커 백과사전.

Claude Bellanger, Jacques Godechot, Pierre Guiral et Fernand Terrou, *Histoire générale de la Presse française 5*, Paris : PUF, 1976.

Jean-Jacques Coltice, *Comprendre la presse*, Lyon : Chronique Sociale, 1995.

La France du XXe siècle, de A à Z, France Loisir, 1993.

La Géographie de la France, Nathan, 1993.

Portrait d'un quotidien, Le Monde, 2003.

Encyclopaedia Universalis, 1993.

www.82france.info

www.culture.gouv.fr(프랑스 문화부 홈페이지)

www.france.co.kr(club france)

www.lemonde.fr(르 몽드 홈페이지)

르 몽드

| 펴낸날 | 초판 1쇄 2003년 12월 30일 |
| | 초판 4쇄 2013년 12월 10일 |

지은이	**최연구**
펴낸이	**심만수**
펴낸곳	**(주)살림출판사**
출판등록	1989년 11월 1일 제9-210호

주소	경기도 파주시 문발동 522-1
전화	031-955-1350　　팩스 031-624-1356
기획·편집	031-955-4662
홈페이지	http://www.sallimbooks.com
이메일	book@sallimbooks.com

| ISBN | 978-89-522-0176-8　04080 |

089 커피 이야기

`eBook`

김성윤(조선일보 기자)

커피는 일상을 영위하는 데 꼭 필요한 현대인의 생필품이 되어 버렸다. 중독성 있는 향, 마실수록 감미로운 쓴맛, 각성효과, 마음의 평화까지 제공하는 커피. 이 책에서 저자는 커피의 발견에 얽힌 이야기를 통해 그 기원을 설명한다. 커피의 문화사뿐만 아니라 커피에 대한 일반적인 정보 및 오해에 대해서도 쉽고 재미있게 소개한다.

021 색채의 상징, 색채의 심리

박영수(테마역사문화연구원 원장)

색채의 상징을 과학적으로 설명한 책. 색채의 이면에 숨어 있는 과학적 원리를 깨우쳐 주고 색채가 인간의 심리에 어떤 작용을 하는지를 여러 가지 분야의 사례를 통해 설명한다. 저자는 색에는 나름대로의 독특한 상징이 숨어 있으며, 성격에 따라 선호하는 색채도 다르다고 말한다.

001 미국의 좌파와 우파

`eBook`

이주영(건국대 사학과 명예교수)

진보와 보수 세력의 변천사를 통해 미국의 정치와 사회 그리고 문화가 어떻게 형성되고 변화왔는지를 추적한 책. 건국 초기의 자유방임주의가 경제위기의 상황에서 진보-좌파 세력의 득세로 이어진 과정, 민주당과 공화당의 대립과 갈등, '제2의 미국혁명'으로 일컬어지는 극우파의 성장 배경 등이 자연스럽게 서술된다.

002 미국의 정체성 10가지 코드로 미국을 말하다   `eBook`

김형인(한국외대 연구교수)

개인주의, 자유의 예찬, 평등주의, 법치주의, 다문화주의, 청교도 정신, 개척 정신, 실용주의, 과학·기술에 대한 신뢰, 미래지향성과 직설적 표현 등 10가지 코드를 통해 미국인의 정체성과 신념을 추적한 책. 미국인의 가치관과 정신이 어떠한 과정을 통해서 형성되고 변천되어 왔는지를 보여 준다.

058 중국의 문화코드

강진석(한국외대 연구교수)

중국의 핵심적인 문화코드를 통해 중국인의 과거와 현재, 문명의 형성 배경과 다양한 문화 양상을 조명한 책. 이 책은 중국인의 대표적인 기질이 어떠한 역사적 맥락에서 형성되었는지 주목한다. 또한, 구체적이고 실제적인 여러 사물과 사례를 중심으로 중국인의 사유방식에 대해 설명해 주고 있다.

057 중국의 정체성　`eBook`

강준영(한국외대 중국어과 교수)

중국, 중국인을 우리는 과연 어떻게 이해해야 하나? 우리 겨레의 역사와 직 · 간접적으로 끊임없이 영향을 주고받은 중국, 그러면서도 아직까지 그들의 속내를 자신 있게 말할 수 없는, 한편으로는 신비스럽고, 한편으로는 종잡을 수 없는 중국인에 대한 정체성을 명쾌하게 정리한 책.

015 오리엔탈리즘의 역사　`eBook`

정진농(부산대 영문과 교수)

동양인에 대한 서양인의 오만한 사고와 의식에 준엄한 항의를 했던 에드워드 사이드의 오리엔탈리즘. 이 책은 에드워드 사이드의 이론 해설에 머무르지 않고 진정한 오리엔탈리즘의 출발점과 그 과정, 그리고 현재와 미래의 조망까지 아우른다. 또한 오리엔탈리즘이 사이드가 발굴해 낸 새로운 개념이 결코 아님을 역설한다.

186 일본의 정체성　`eBook`

김필동(세명대 일어일문학과 교수)

일본인의 의식세계와 오늘의 일본을 만든 정신과 문화 등을 소개한 책. 일본인을 지배하는 이데올로기는 무엇이고 어떤 특징을 가지는지, 일본을 주목해야 하는 이유는 무엇인지 등이 서술된다. 일본인 행동양식의 특징과 토착적인 사상, 일본사회의 문화적 전통의 실체에 대한 분석을 통해 일본의 정체성을 체계적으로 살펴보고 있다.

261 노블레스 오블리주 세상을 비추는 기부의 역사

예종석(한양대 경영학과 교수)

프랑스어로 '높은 사회적 신분에 상응하는 도덕적 의무'를 뜻하는 노블레스 오블리주. 고대 그리스부터 현대까지 이어지고 있는 노블레스 오블리주의 역사 및 미국과 우리나라의 기부 문화를 살펴보고, 새로운 시대정신으로 노블레스 오블리주를 부활시킬 수 있는 가능성을 모색해 본다.

396 치명적인 금융위기, 왜 유독 대한민국인가 eBook

오형규(한국경제신문 논설위원)

이 책은 전 세계적인 금융 리스크의 증가 현상을 살펴보는 동시에 유달리 위기에 취약한 대한민국 경제의 문제를 진단한다. 금융안전망 구축 방안과 같은 실용적인 경제정책에서부터 개개인이 기억해야 할 대비법까지 제시해 주는 이 책을 통해 현대사회의 뉴노멀이 되어 버린 금융위기에서 살아남는 방법을 확인해 보자.

400 불안사회 대한민국, 복지가 해답인가 eBook

신광영(중앙대 사회학과 교수)

대한민국 사회의 미래를 위해서 복지는 선택이 아니라 필수라고 말하는 책. 이를 위해 경제 위기, 사회해체, 저출산 고령화, 공동체 붕괴 등 불안사회 대한민국이 안고 있는 수많은 리스크를 진단한다. 저자는 사회적 위험에 대응하기 위한 복지 제도야말로 국민 모두의 삶의 질을 높일 수 있는 길이라는 것을 역설한다.

380 기후변화 이야기 eBook

이유진(녹색연합 기후에너지 정책위원)

이 책은 기후변화라는 위기의 시대를 살면서 우리가 알아야 할 기본지식을 소개한다. 저자는 기후변화와 관련된 핵심 쟁점들을 모두 정리하는 동시에 우리가 행동해야 할 실천적인 대안을 제시한다. 이를 통해 독자들은 기후변화 시대를 사는 우리가 무엇을 해야 할 것인지에 대하여 생각해 볼 수 있을 것이다.

사회·문화

eBook 표시가 되어있는 도서는 전자책으로 구매가 가능합니다.

(주)살림출판사
www.sallimbooks.com
주소 경기도 파주시 문발동 522-1 | 전화 031-955-1350 | 팩스 031-955-1355